Kohlhammer

Fördern lernen – Beratung
Herausgegeben von
Stephan Ellinger

Band 15

Sabine Weinberger
Helga Lindner

Personzentrierte Beratung

Verlag W. Kohlhammer

Alle Rechte vorbehalten
© 2011 W. Kohlhammer GmbH Stuttgart
Umschlag: Gestaltungskonzept Peter Horlacher
Umschlagmotiv: © istockphoto.com/Steve Debenport
Gesamtherstellung:
W. Kohlhammer Druckerei GmbH + Co. KG, Stuttgart

ISBN 978-3-17-021559-7

Vorwort des Reihenherausgebers

Die Reihe *Fördern lernen* umfasst drei klare thematische Schwerpunkte. Es sollen erstens die wichtigsten *Förderkonzepte und Fördermaßnahmen* bei den am häufigsten vorkommenden Lern- und Verhaltensstörungen dargestellt werden. Zweitens gilt es, die wesentlichen Grundlagen pädagogischer Beratungsarbeit und die wichtigsten *Beratungskonzepte* zu diskutieren, und drittens sollen zentrale *Handlungsfelder pädagogischer Prävention* übersichtlich vermittelt werden. Dabei sind die Bücher dieser Reihe in erster Linie gut lesbar und unmittelbar in der Praxis einzusetzen.

Im *Schwerpunkt Intervention* informiert jeder einzelne Band (1–9) in seinem ersten Teil über den aktuellen Stand der Forschung und entfaltet theoriegeleitet Überlegungen zu Interventionen und Präventionen. Im zweiten Teil eines Bandes werden dann konkrete Maßnahmen und erprobte Förderprogramme vorgestellt und diskutiert. Grundlage für diese Empfehlungen sollen zum einen belastbare empirische Ergebnisse und zum anderen praktische Handlungsanweisungen für konkrete Bezüge (z. B. Unterricht, Freizeitbetreuung, Förderkurse) sein. Schwerpunkt des zweiten Teils sind also die Umsetzungsformen und Umsetzungsmöglichkeiten im jeweiligen pädagogischen Handlungsfeld.

Die Bände im *Schwerpunkt Beratung* (10–15) beinhalten im ersten Teil eine Darstellung des Beratungskonzeptes in klaren Begrifflichkeiten hinsichtlich der Grundannahmen und der zugrundeliegenden Vorstellungen vom Wesen eines Problems, den Fähigkeiten des Menschen usw. Im zweiten Teil werden die Methoden des Beratungsansatzes anhand eines oder mehrerer fiktiver Beratungsanlässe dargestellt und erläutert, so dass Lehrkräfte und außerschulisch arbeitende Pädagogen konkrete Umsetzungen vornehmen können.

Die Einzelbände im *Schwerpunkt Prävention* (16–20) wenden sich *allgemeinen Förderkonzepten und Präventionsmaßnahmen* zu und erläutern praktische Handlungshilfen, um Lernstörungen, Verhaltensstörungen und prekäre Lebenslagen vorbeugend zu verhindern.

Vorwort des Reihenherausgebers

Die Zielgruppe der Reihe *Fördern lernen* bilden in erster Linie Lehrkräfte und außerschulisch arbeitende Pädagogen, die sich entweder auf die Arbeit mit betroffenen Kindern vorbereiten oder aber schnell und umfassend gezielte Informationen zur effektiven Förderung oder Beratung von Betroffenen suchen. Die Buchreihe eignet sich auch für die pädagogische Ausbildung und als Zugang für Eltern, die sich nicht auf populärwissenschaftliches Halbwissen verlassen wollen.
Die Autorinnen und Autoren wünschen allen Leserinnen und Lesern ganz praktische *Aha*-Erlebnisse!

Stephan Ellinger

Einzelwerke in der Reihe *Fördern lernen*

Intervention
Band 1: Förderung bei sozialer Benachteiligung
Band 2: Förderung bei Lese-Rechtschreibschwäche
Band 3: Förderung bei Rechenschwäche
Band 4: Förderung bei Gewalt und Aggressivität
Band 5: Förderung bei Ängstlichkeit und Angststörungen
Band 6: Förderung bei ADS/ADHS
Band 7: Förderung bei Sucht und Abhängigkeiten
Band 8: Förderung bei kulturellen Differenzen
Band 9: Förderung bei Hochbegabung
Beratung
Band 10: Pädagogische Beratung
Band 11: Lösungsorientierte Beratung
Band 12: Kontradiktische Beratung
Band 13: Kooperative Beratung
Band 14: Systemische Beratung
Band 15: Personzentrierte Beratung
Prävention
Band 16: Berufliche Eingliederung
Band 17: Förderung der Motivation bei Lernstörungen
Band 18: Schulische Prävention im Bereich Lernen
Band 19: Schulische Prävention im Bereich Verhalten
Band 20: Resilienz
Band 21: Hilfen zur Erziehung

Inhalt

Vorwort 9

1 Der Personzentrierte Ansatz 11

1.1 Entstehung und Entwicklung 11
1.2 Personzentrierte Persönlichkeitstheorie 14
1.3 Beziehung und Menschenbild 22
1.4 Anwendungsfelder 26

2 Der Personzentrierte Ansatz in der Schule 29

2.1 Kommunikation und *Fördern lernen* 30
2.2 Gehirnentwicklung und *Fördern lernen* 34
2.3 Bindungserfahrungen und *Fördern lernen* 42
2.4 Traumatische Erfahrungen und *Fördern lernen* 46

3 Das Personzentrierte Beratungsmodell 50

3.1 Differerenzierungssebenen im personzentrierten Konzept 50
3.2 Kongruenz (Authentizität) 53
3.3 Unbedingte Wertschätzung 62
3.4 Empathisches Verstehen 67

Inhalt

4 Das Personzentrierte Beratungsmodell: Fallbeispiele — 78

4.1 Personzentriertes Vorgehen im Unterricht — 79
4.2 Personzentrierte Einzelberatung — 95
4.3 Personzentrierte kollegiale Fallberatung — 109

Schlusswort — 123

Literatur — 125

Vorwort

*„Es sind die Begegnungen mit Menschen,
die das Leben lebenswert machen."*

Guy de Maupassant

Das vorliegende Buch stellt den Personzentrierten Ansatz in der *Begegnung* mit Schülern vor. Das heißt, es ging uns nicht darum, ein Beratungskonzept zu vermitteln, das auf definierte Beratungssituationen im Rahmen der Schule beschränkt ist. Wir möchten vielmehr aufzuzeigen, inwieweit der Personzentrierte Ansatz Lernprozesse fördern, die Kommunikation zwischen Lehrkraft und Schüler verbessern und darüber hinaus gezielt in Beratungs- und Krisensituationen eingesetzt werden kann.

Lehrkräfte sind durch die sich immer schneller verändernden Lebensbedingungen, in denen Kinder heute aufwachsen, ganz anders gefordert als früher. Das Auseinanderfallen von traditionellen Familienformen, die steigenden Anforderungen der Gesellschaft, die große Anzahl von Schülern mit Migrationshintergrund und die wachsende Bedeutung von Erziehung im institutionellen Rahmen (Krippe, Ganztagskindergärten und Ausbau der Ganztagsschulen bzw. Horte) macht die Schule zunehmend zu einem Ort, in dem Werte und grundlegende Beziehungs- und Kommunikationserfahrungen vermittelt werden müssen. Dies erfordert eine über die Fähigkeit zur Beratung hinausgehende Kompetenz in der Gestaltung zwischenmenschlicher Beziehungen, sei es die Beziehung Lehrkraft – Schüler, Lehrkraft – Eltern oder Lehrkraft – Lehrkraft.

Das Buch gliedert sich in einen theoretischen und einen praktischen Teil. Im theoretischen Teil wird der Personzentrierte Ansatz vorgestellt, darauf folgt ein Kapitel, das aufzeigt, inwieweit dieser Ansatz aufgrund der Erkenntnisse der kommunikationspsychologischen, neurobiologischen, bindungstheoretischen und traumabezogenen Forschung Lernen fördern kann. Anschließend wird das Personzentrierte Beratungsmodell im Kontext der Schule dargestellt und anhand von Beispielen demonstriert.

Vorwort

Im praktischen Teil wird an Hand von drei Fallbeispielen aus dem Schulalltag dargestellt, wie der Personzentrierte Ansatz im schulischen Rahmen umgesetzt werden kann.

1
Der Personzentrierte Ansatz

„Wenn ich einen Wunsch frei hätte, würde ich mir nicht Reichtum und Macht wünschen, sondern ein leidenschaftliches Gespür für Potential – ein Auge, das, immer jung und feurig, das Mögliche sieht. Das Vergnügen enttäuscht, die Möglichkeit nie."

Sören Kierkegaard

1.1 Entstehung und Entwicklung

Der Personzentrierte Ansatz geht auf den amerikanischen Psychologen *Carl R. Rogers* (1902–1987) zurück, der diesen Ansatz ab 1942 in den USA entwickelte. In Deutschland wurde der Ansatz ab 1962 von den Hamburger Psychologen Anne-Marie und Reinhard Tausch und den Ostberliner Psychologen Johannes Helm und Inge Frohburg bekannt gemacht und verbreitet.

„Personzentrierter Ansatz" (PZA) ist die Übersetzung des englischen „personcentered approach", was mit „personzentrierte Annäherung, Herangehensweise oder auch personzentrierter Zugang" übersetzt werden kann. Damit wird ausgedrückt, dass es in erster Linie die *personzentrierte Einstellung* und *Haltung* ist, die zu positiven Wirkungen bzw. Verhaltensänderungen im Kontakt führt. Es ist die Begegnung von Person zu Person (vgl. auch Buber 1995) und nicht die angewandten Methoden, die entscheidend dafür sind, dass das Gegenüber sich entwickelt und verändert, seien es Kinder, Jugendliche oder Erwachsene.

Rogers schildert ein Schlüsselerlebnis, das für ihn in dieser Beziehung richtungsweisend war. Er arbeitete in einem Institut, das verhaltensauffällige Kinder betreute, als er, der für die Elternarbeit zuständig war, eines Tages ein Gespräch mit einer Mutter eines sehr verhaltensauffälligen Kindes hatte. Der Grund für die Schwierigkeiten des Jungen lag nach Auffassung Rogers darin, dass die Mutter ihren Sohn schon sehr früh abgelehnt hatte. In mehreren Beratungsgesprächen versuchte Rogers der Mutter dies einsichtig zu machen. Ohne Erfolg, die Gespräche blieben trotz all seiner Bemühungen immer nur an der Oberfläche. Schließlich resignierte Rogers: „Ich erklärte ihr, dass es so aussähe, als hätten wir beide alles versucht, doch letztlich versagt, und dass wir genauso gut unsere Treffen aufgeben könnten. Sie stimmte zu und so beendeten wir das Gespräch; wir schüttelten uns die Hände und sie ging zur Sprechzimmertür. Dort drehte sie sich um und fragte: ‚Nehmen Sie auch Erwachsene zur Beratung an?' Als ich zustimmte, sagte sie: ‚Also, ich brauche Hilfe.' Sie kehrte zu dem Stuhl zurück, den sie eben verlassen hatte und begann, eruptiv die Verzweiflung über ihre Ehe, das gestörte Verhältnis zum Ehemann, das Gefühl des Versagens und der Verwirrung mitzuteilen – alles ganz anders, als die ‚sterile Fallgeschichte', die sie früher vorgebracht hatte. Die wirkliche Therapie setzte in diesem Moment ein und führte schließlich zum Erfolg" (1961, S. 27).

Für Rogers war dies eine wichtige Erfahrung, die ihm deutlich machte, dass die jeweilige Person im Innern weiß, was wirklich wichtig ist und was sie im Gespräch braucht. „Langsam merkte ich, dass, wenn ich es nicht nötig hätte, meine Cleverness und Gelehrsamkeit zu demonstrieren, ich besser daran täte, mich auf den Klienten zu verlassen, was die Richtung des Prozessablaufs anging" (ebd. S. 28).

Entstehung und Entwicklung

In den folgenden Jahren und Jahrzehnten beschäftigte Rogers sich intensivst mit der Frage: *Welche Bedingungen sind es, die dazu führen, dass eine Person von sich aus über ihr Erleben spricht, sich dabei besser verstehen lernt und schließlich zu Einstellungs- und Verhaltensänderung gelangt?* In einem ersten großen Forschungsprojekt, dem viele weitere folgen sollten, nahm Rogers die Gespräche von Hunderten von Therapeuten und Klienten auf und analysierte sie anonymisiert nach dieser Fragestellung. Dieses wissenschaftliche Herangehen an das zwischenmenschliche Geschehen trug Rogers in einer Zeit, in der Psychotherapie nur hinter „verschlossenen Türen" stattfand, viel Kritik und Empörung ein.

Im Verlauf und als Ergebnis dieser Forschungstätigkeit formulierte Rogers dann eine Persönlichkeits-, Beziehungs- und Gruppentheorie und ein Beratungs-, Therapie- und Lernpsychologisches Konzept. Wichtig ist, dass er die therapeutische Beziehung lediglich als spezifisches Beispiel einer zwischenmenschlichen Beziehung sah. Rogers ging es um die jeweilige *Persönlichkeitsentwicklung*, er wandte sich daher mit seinem Ansatz an alle Fachleute, die „durch persönlichen Vis-a-vis-Kontakt einen konstruktiven Wandel der Einstellungen bei ihren Klienten bewirken. Ob sie sich Psychologen, Psychiater, Fürsorger, Schul-, Studien-, Ehe- oder Personalberater nennen" (Rogers 1942/1972a, S. 17).

Rogers nannte seinen Ansatz zuerst „nicht-direktiv", um zu betonen, dass es nicht darum geht, dem Gegenüber Ratschläge, Ermahnungen, Erklärungen zu geben. Das Individuum und nicht das Problem steht im Mittelpunkt der Aufmerksamkeit. Das einmalige Individuum hat die Fähigkeit, im Rahmen eines spezifischen Beziehungsangebotes zu einem besseren Verständnis seiner selbst zu kommen und daraus folgend kann es dann Einstellungs- und Verhaltensänderungen selbstgesteuert entwickeln.

Nachdem er erfahren hatte, dass das Wort „nicht-direktiv" das Missverständnis nahe legte, dies bedeute „nicht aktiv" zu sein, nannte er seinen Ansatz „client-centered" deutsch „klientenzentriert". Dieser Ausdruck charakterisierte das Neue, *auf den Klienten und sein Potential zentriert zu sein*.

Nachdem Rogers sein Beratungs- und Therapiekonzept formuliert hatte, begann er mehr und mehr seinen Ansatz auf Menschen in den verschiedensten Lebensbereichen auszudehnen. Er engagierte sich für den Frieden und gab weltweit Seminare, um Konfliktparteien ins Gespräch zu bringen. Kennzeichnend für diese letzte Phase wurde der Ausdruck „person-centered". Mit *„personzentriert"* sollte zum Ausdruck gebracht werden, dass die Person als Mensch im Mittelpunkt steht und nicht in ihrer Funktion als Klient. Seit 1983 sprach Rogers daher vom „Personzentrierten Ansatz", in der deutsprachigen Fachliteratur setzte sich dieser Begriff erst Mitte der 1980er Jahre durch.

Weiterführende Literatur

Groddeck, N. (2002): Carl Rogers. Wegbereiter der modernen Psychotherapie. Darmstadt.

Hinz, A. & Behr, M. (2002): Biografische Rekonstruktionen und Reflexionen. Zum 100. Geburtstag von Carl Rogers. Gesprächspsychotherapie und Beratung, 33, 3, 197–210.

Rogers, C. R. (1978): Die Kraft des Guten – ein Appell zur Selbstverwirklichung. München.

Rogers, C. R. (2007): Der neue Mensch. Stuttgart.

1.2 Personzentrierte Persönlichkeitstheorie

Aktualisierungstendenz

Rogers ging davon aus, dass es im Menschen eine angeborene Kraft zur Erhaltung oder Entfaltung seiner in ihm liegenden Möglichkeiten gibt. Dieses Entwicklungsprinzip nannte er *Aktualisierungstendenz*. Sie ist nach Rogers „die dem Organismus innewohnende Tendenz zur Entwicklung all seiner Möglichkeiten; und zwar so, dass sie der Erhaltung oder Förderung des Organismus dienen " (Rogers 1959/1989, S. 21). Mit „Organismus" ist dabei die psychische und physische Ganzheit/Einheit des Menschen gemeint. Mit der Aktualisierungstendenz beschreibt Rogers menschliche Entwicklungsprozesse als Prozesse der *Selbstorga-*

nisation (Stumm/Keil 2002). Menschen sind damit „sich selbst entwickelnde Systeme" mit einer *richtungsgebenden Kraft*, das in ihnen liegende Potential zu aktualisieren.

In der Natur treffen wir ständig auf dieses Prinzip der Selbstorganisation: Schaut man sich eine kleine Eichel an, so ist in dieser Eichel bereits die spätere große Eiche komplett enthalten. Was sie braucht, sind allein die notwendigen Bedingungen zum Wachsen. In diesem Fall genügend Platz, Erde, Wasser und Sonne. Die Aktualisierungstendenz beinhaltet dieses Lebensprinzip. Wurde Rogers zu seiner Zeit mit diesem Konstrukt der Aktualisierungstendenz häufig noch belächelt, wurde diese grundsätzliche Ausrichtung lebender Organismen in jüngerer Zeit von interdisziplinären systemtheoretischen und neurowissenschaftlichen Forschern aufgegriffen und bestätigt (vgl. z. B. Damasio, 2002, 2005, Lux 2007).

Die Aktualisierungstendenz bewertet Erfahrungen danach, ob sie für den Organismus als Ganzes erhaltend oder fördernd sind oder ob sie die Erhaltung oder Förderung hemmen. Dieser *organismische Bewertungsprozess* findet auf den verschiedensten Ebenen statt, z. B. wenn das Baby hungrig ist, schreit es (Hungergefühl als ungute organismische Erfahrung), wenn es gefüttert wurde, ist es zufrieden (Sättigung als positive organismische Erfahrung). So werden positive und negative Erfahrungen als genuine *Selbst-Erfahrungen* ins Bewusstsein aufgenommen. Dies geschieht in der vorsprachlichen Zeit durch Körperempfindungen und später zusätzlich durch Sprache: „Ich fühle mich gut"; „Ich bin traurig". Für dieses *Wahrnehmen einer Erfahrung* – neben der damit *zusammenhängenden Bewertung* – gebraucht Rogers die Ausdrücke „*Gewahrwerdung*" oder „*Symbolisierung*". Dieser *Symbolisierungsprozess* ist erkennbar, wenn man zum Beispiel einen Satz oder eine Beschreibung hört, die genau auf einen zutrifft. Es ist dieses Gefühl von „Genau das ist es!", welches immer auch von einer körperlich spürbaren positiven Empfindung begleitet ist (vgl. Biermann-Ratjen 2002, Behr 2002, Wiltschko 1995).

Selbst, Selbstkonzept und positive Beachtung

Das Selbst oder auch das Selbstkonzept ist das Bild, die Vorstellung, die jemand von sich selbst hat. Dieses Selbst formt sich durch die Interaktion mit der Umgebung, d.h. in der Regel in der Interaktion mit den bedeutsamen Bezugspersonen. „Wenn das Kleinkind die Interaktion mit seiner Umgebung aufnimmt, fängt es an, Konzepte über sich selbst, über seine Umgebung und über sich selbst in Beziehung zur Umgebung zu bilden. Zwar sind diese Konzepte nicht-verbal und dem Bewusstsein vielleicht nicht gegenwärtig, aber das hindert sie nicht daran, als leitende Prinzipien zu funktionieren" (Rogers 1942/1972b, S. 430). Diese Beschreibungen der Entstehung des Selbst wurden einige Jahrzehnte später von der empirischen Säuglingsforschung weiter ausdifferenziert, indem Stern (1992) die Grundeinheiten des Selbst als zwischenmenschliche Erfahrungen beschreibt, in der die Affektabstimmung, d.h., die Resonanz der Mutter/des Vaters auf Verhalten und Erleben des Kindes von grundlegender Bedeutung ist (vgl. auch Behr 2002).

Nach Rogers gibt es ein angeborenes Bedürfnis nach positiver Beachtung bzw. Wertschätzung (positive regard). Mit der Entstehung des Selbst werden das Erleben, die Erfahrungen des Kindes nun zweifach bewertet: neben dem organismischen Bewertungsprozess findet mehr und mehr auch eine Bewertung durch die menschlichen Beziehungen statt, in die das Kind „eingebettet" ist. Das Kind wird die Erfahrungen immer wieder aufsuchen, bei denen es eine positive Beachtung erlebt, diese wiederum formen dann das Selbstbild.

Selbstaktualisierungstendenz

Mit zunehmender Entwicklung des Selbst als einer psychischen Struktur entwickelt sich als *Teil* der Aktualisierungstendenz die sogenannte *Selbstaktualisierung*. Diese Tendenz sorgt für die Erhaltung und Entfaltung des sich bildenden Selbstkonzeptes: Erfahrungen werden *nun* nicht mehr nur danach bewertet, ob sie für den Organismus als Ganzes förderlich sind, sondern *auch danach*, ob sie für das sich entwickelnde Selbstkonzept förderlich sind.

Die nachfolgende Grafik soll dies verdeutlichen:

Personzentrierte Persönlichkeitstheorie

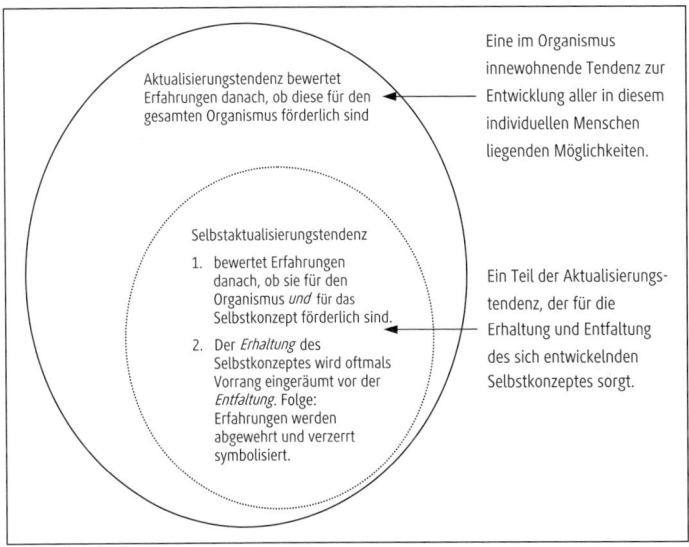

Abb. 1: Zusammenhang zwischen Aktualisierungstendenz und Selbstaktualisierungstendenz (Weinberger 2008)

Inkongruenz

Macht das Individuum Erfahrungen, die nicht mit dem Selbstkonzept übereinstimmen, so entsteht eine Diskrepanz zwischen der Aktualisierungstendenz (Erleben wird mit dem gesamten Organismus gespürt und bewertet) und dem sich entwickelnden bzw. dem entwickelten Selbstkonzept, welches das Erleben mit den Augen der bedeutsamsten Bezugspersonen bewertet. Aus dieser Unvereinbarkeit resultieren Spannungen, die dadurch gelöst werden, dass das Kind die organismische Erfahrung entweder verzerrt bzw. verfälscht wahrnimmt oder ganz verleugnet. Das heißt, der Erhaltung des Selbstkonzeptes wird Vorrang eingeräumt vor der Entfaltung des Organismus als Ganzem. Dieser Zustand wird im Personzentrierten Konzept *Inkongruenz* genannt. Inkongruenz bezeichnet demnach „die konflikthaltige innerpsychische Diskrepanz, die besteht, wenn Erfahrungen vom Individuum nicht als Selbsterfahrungen wahr- und angenommen werden, weil ihre Gewahrwerdung abgewehrt wird und/oder sie nur in verzerrter und entstellter Form symbolisiert werden können" (Stumm/Wiltschko/Keil 2003, S. 175).

Beispiele

Beispiel 1: Ein kleiner Junge ist unendlich traurig, weil sein Vater nach der Trennung der Eltern ausgezogen ist. Seine Mutter, in deren Erleben nur die negativen Verhaltensweisen des Vaters präsent sind und die froh ist, dass der Ehemann endlich ausgezogen ist, kann diese Traurigkeit des Kindes entweder nicht adäquat wahrnehmen, d.h. sie wird ganz ausgeblendet oder sie wird abgewertet. Der Junge wird beschimpft, er solle doch froh sein, dass der Vater nicht mehr da sei, dieser habe sich doch nie um ihn gekümmert. Auf diese Weise erlebt der Junge die Bewertungsbedingung: „*Nur wenn* Du nicht über den verlorenen Papa heulst, mag ich Dich", d.h., der Schmerz über den Verlust wird nicht mit unbedingter Wertschätzung aufgenommen bzw. nicht bedingungsfrei positiv beachtet, so dass der Junge sich als „bei Verlust trauernder Junge" selbst nicht wertschätzen kann. Der Junge bekommt so keine korrekte Resonanz in Bezug auf dieses Erleben von Traurigsein, es wird in keiner Weise gefühlsmäßig verstanden. Da der Junge von der Zuwendung der Mutter abhängig ist – ganz besonders nachdem er den Vater zumindest zeitweise „verloren" hat –, wird er seine Traurigkeit, die er vom organismischen Erleben her deutlich spürt (= Aktualisierungstendenz), immer mehr unterdrücken, bis er sie gar nicht mehr wahrnimmt. Es ist der Weg, die positive Beachtung durch die Mutter nicht zu verlieren. Das Gefühl „Ich bin traurig" wird damit nicht korrekt in das sich entwickelnde Selbstkonzept aufgenommen. Der Junge zeigt sich dann im Laufe der Zeit in Situationen, in denen andere ihre Traurigkeit spüren, unbeteiligt: „Das macht mir doch nichts aus." Sein Erleben wird in dieser Situation allein durch die Selbstaktualisierungstendenz bewertet, d.h. der *Erhaltung* des Selbstkonzeptes wird Vorrang eingeräumt vor der *Entfaltung* des Selbstkonzeptes.

Mehrere Beziehungserfahrungen dieser Art werden dazu führen, dass sich dieser Junge als Jugendlicher als jemand erlebt, der wirklich „cool" ist, kaum Gefühle, besonders keine Gefühle von Traurigkeit spürt. Solange diese Erfahrungen vollständig abgewehrt werden, erlebt der Jugendliche keine Angst und Spannung. Erlebt er jedoch einen starken Verlust, z. B. wenn ein Freund an einem Verkehrsunfall stirbt oder seine Freundin sich überraschend von ihm trennt, dann kann die organismische Erfahrung nicht mehr vollständig abgewehrt werden. Der Jugendliche erlebt dieses Gefühl, das er nicht richtig einordnen, nicht richtig verstehen kann, dann als für ihn ganz unerklärliche Angst und Spannung, die sich in mannigfaltigen Symptomen niederschlagen kann.

Beispiel 2: Ein kleines Kind, das in seinem Ausprobieren und Tun sehr oft von den Eltern Kritik und Abwertung statt positiver Beachtung erfährt, wird bald die organismische Erfahrung von „Freude" über eine gelungene Tätigkeit nicht mehr spüren können. Die durch das Selbstbild „Ich kann nichts/mir gelingt nichts" entstandenen inneren Bewertungsbedingungen werden einen Erfolg nicht mehr zulassen. Wenn dieses Kind später in der Schule eine gute Note schreibt, wird es dies vielleicht auf Glück oder die leichte Aufgabenstellung zurückführen (vgl. das Konzept internaler versus externaler Kausalattribuierung Rotter 1966, Rheinberg 2002), nicht auf sein Können. Der Mangel an Erfahrungen von Selbstwirksamkeit führt dann immer mehr zu einer resignativen und/oder eher depressiven Haltung: „Ich kann da sowieso nichts machen." So werden positive Erfahrungen einfach verzerrt aufgenommen oder ganz von der Wahrnehmung ausgeschlossen. „Die fließende, aber konsistente Organisation, die die Struktur oder das Konzept des Selbst ist, verhindert so das Eindringen einer Wahrnehmung, die im Widerspruch mit ihr steht" (Rogers 1942/1972b, S. 436).

Die Bindungsforschung (vgl. auch Kapitel 2) hat eindrücklich gezeigt, wie perfekt bereits Kinder von einem Jahr den Ausdruck ihrer Gefühle unterdrücken können (Grossmann/Grossmann 1991). Diese unterdrückten Gefühle bzw. unterdrückten eigenen Bedürfnisse werden so mit der Zeit immer weniger wahrgenommen; statt dessen identifiziert sich das Kind mehr und mehr mit den Wünschen und Bedürfnissen der Bezugspersonen. Rogers (1959/1989, S. 52) schreibt dazu:

„Dies ist aus unserer Sicht die grundlegende Entfremdung im Menschen. Er ist nicht er selbst; er ist seinen natürlichen organismischen Bewertungen der Erfahrungen untreu. Nur um sich die positive Beachtung der anderen zu erhalten, verfälscht er eigene wertvolle Erfahrungen und nimmt sie lediglich auf

der Ebene der Bewertungen anderer wahr. Jedoch ist dies keine bewusste Entscheidung, sondern eine natürliche, ja tragische Entwicklung während der Kindheit. Der Weg der Entwicklung Richtung psychischer Reife, der Weg der Therapie, besteht in der Aufhebung dieser Entfremdung des menschlichen Handelns, der Auflösung der Bewertungsbedingungen, der Erreichung eines Selbst, welches in Übereinstimmung mit der Erfahrung ist, die Wiederherstellung eines einheitlichen organismischen Bewertungsprozesses als dem Regulator des Verhaltens."

Besteht bei einem Menschen ein hohes Ausmaß an Inkongruenz, kann, durch eine bestimmte Erfahrung ausgelöst, diese Inkongruenz unterschwellig wahrgenommen werden. Dies wird dann als Angst erlebt. Je größer die Bedrohung des Selbstkonzeptes, umso größer die Angst (Rogers 1959/1989, S. 54). Krankheitswertige Symptome wie Depression, Angst, Zwänge sind Versuche, diese abgewehrten Gefühle weiterhin nicht bewusst werden zu lassen, sie sind aber zugleich auch als Versuch des Organismus zu sehen, die Inkongruenz zu überwinden. Gelingt die Ausblendung der Gefühle und Wünsche vollständig, so ist kein Leidensdruck vorhanden, das Individuum kann aber in seinem Verhalten widersprüchlich und gestört wirken (Finke 2004, S. 13).

Nach Schmidtchen (1999, S. 199) stagniert ein Kind, das in einem größeren Ausmaß unter Inkongruenzen leidet, in seiner gesunden Entwicklung, weil es viele Erfahrungen gar nicht mehr aufsucht oder Erfahrungen verfälscht wahrnimmt, was auch wieder zu Rückzug oder Vermeidungsverhalten führen kann. Er nennt als wichtigste Auswirkungen:

„1. Eine *Ablehnung bzw. Abwehr* entwicklungsfördernder und selbsterweiternder Erfahrungen, ... weil diese als Bedrohung des status quo des Selbstsystems angesehen werden und deshalb eine existentielle Angst erzeugen.
2. Eine *negative, misserfolgsorientierte Selbstbewertung*, die zu fehlerhaften Einschätzungen und Symbolisierungen von positiven Erfahrungen und zum Abspalten (bzw. Verleugnen) wichtiger Selbstkompetenzen und -ressourcen führen kann.
3. Eine *misstrauische und feindselige Einstellung gegenüber anderen*, die zu einem generellen Rückzugsverhalten und zu Ablehnung von Menschen führen kann.

4. Eine *unrealistische Wahrnehmung von Problemen* aller Art (insbesondere im sozialen Bereich), die zu einer fehlerhaften und eingeschränkten Informationsverarbeitung und damit zu einer *gestörten Problemlösungs- und Handlungskompetenz* führen kann."

Im Idealfall fallen Aktualisierungstendenz und Selbstaktualisierungstendenz zusammen, d. h. der Mensch kann das, was gut für seinen Organismus ist, auch in sein Selbstkonzept integrieren. Das ist dann eine Person, die *alle* Erfahrungen – positive wie negative – vollständig wahr- und annehmen kann: z. B.: „Ich mache Fehler", „Ich könnte vor Wut jemanden umbringen", „Ich habe Angst", „Ich bin sozial sehr geschickt", „Ich bin manchmal feige" etc. Dies ist eine idealtypische Beschreibung einer kongruenten Person, deren Inkongruenzen vollständig aufgehoben sind. Auch wenn dies wohl kaum einer erreichen wird, zeigt es doch *den Weg* einer gesunden Persönlichkeitsentwicklung auf.

Sind nun alle Bewertungen schlecht? Jaede (2002) macht darauf aufmerksam, dass die Bewertungen der Bezugspersonen nicht notwendigerweise zu einer pathologischen Entwicklung führen müssen. Im Gegenteil, diese Bewertungsprozesse stellen notwendige Entwicklungsbedingungen dar, die das Kind für seine Orientierung – etwa im Rahmen der moralischen Entwicklung – benötigt. „Wertebedingungen", wie Jaede es formuliert, werden „dann kritisch, wenn der eigene Bezugsrahmen des Kindes grundsätzlich in Frage gestellt wird und eigene Erfahrungen und Wahrnehmungen des Kindes als Bewertungsgrundlage auf Dauer ausgeklammert werden. Dies ist etwa dann der Fall, wenn Autonomiewünsche des Kindes bei Eltern zu eigenen Verlust- und Trennungsängsten führen oder bei ihnen früher selbst erlebte Defizite und Ängste ausgelöst werden, die bislang verleugnet wurden" (ebd. S. 139).

Auch in pädagogischen Beziehungen ist dies ein wichtiger Aspekt. In persönlichen Gesprächen kann man immer wieder auf Erwachsene treffen, die bis heute Äußerungen von Lehrern wie „Du kannst nicht singen" oder „Du kannst nicht rechnen" als feste Überzeugungen mit sich herumtragen. Vor der Klasse, das heißt, öffentlich und vor den wichtigen Bezugspersonen des Schülers ausgesprochen, haben diese Sätze eine ganz besondere Wirkung: sie prägen sich tief in das *emotionale Gedächtnis* des Kindes ein und sind später nur schwer durch korrigierende Lernerfahrungen zu beeinflussen (s. dazu auch Kapitel 2.3 und 2.4). Dies gilt natürlich auch für positive Botschaften.

Weiterführende Literatur

Biermann-Ratjen, E. (2002): Entwicklungspsychologie und Störungslehre. In: Boeck-Singelmann, C./Ehlers, B./Hensel, T./Kemper, F./ Monden-Engelhardt, C. (Hrsg.): Personzentrierte Psychotherapie mit Kindern und Jugendlichen. Bd. 1. 2. Auflage. Göttingen, 11–34.

Hufnagel, E. & Fröhlich-Gildhoff, K. (2002): Die Entstehung seelischer Störungen – betrachtet aus einer personzentrierten und entwicklungspsychologischen Perspektive. In: Boeck-Singelmann, C./Ehlers, B./Hensel, T./Kemper, F./Monden-Engelhardt, C. (Hrsg.): Personzentrierte Psychotherapie mit Kindern und Jugendlichen. Bd. 1. 2. Auflage. Göttingen, 35–80.

Rogers, C. R. (1959/1989): Eine Theorie der Psychotherapie, der Persönlichkeit und der zwischenmenschlichen Beziehungen. Köln.

Rogers, C. R. (1961/1991): Entwicklung der Persönlichkeit. Stuttgart.

1.3 Beziehung und Menschenbild

Ausgehend von dem Axiom der Aktualisierungstendenz geht es im Personzentrierten Ansatz darum, Bedingungen zu schaffen, die helfen, die jedem Menschen innewohnende Möglichkeit zur Entwicklung und konstruktiven Veränderung freizusetzen bzw. zu fördern. Obwohl Rogers sein Menschenbild anhand phänomenologischer und empirischer Arbeiten weitgehend selbstständig entwickelt hat, finden sich die ältesten philosophischen Wurzeln dieses Menschenbildes schon bei Sokrates (ca. 470–399 v. Chr.), wie Schmid (1998, S. 122) darlegt. Er zitiert Brunner (1990): „Im Daimonion' wird ein Bild von einem guten Kern in jedem Menschen skizziert, den es freizulegen gilt ...". Auch bei Friedrich Nietzsche (1844–1900) im „Ecce homo: Wie man wird, was man ist", findet sich dieses Prinzip.

Rogers gibt an, sich mit dem Existenzialismus, speziell dem dänischen Philosophen Sören Kirkegaard wie auch dem jüdischen Religionsphilosophen Martin Buber beschäftigt zu haben. Entsprechend diesem Menschenbild geht es nicht darum, Ratschläge zu geben oder Lösungen anzubieten, sondern in jedem Gespräch, in jeder Begegnung ist es das Ziel, im anderen das eigene Potential zu wecken. Dies geschieht mit dem Ziel, dem Gegenüber zu helfen, nicht nur mit diesem, sondern auch mit zukünftigen Problemen besser fertig zu werden. Rogers (1942/1972a, S. 36) beschreibt den Ansatz so:

„Er zielt direkt auf die größere Unabhängigkeit und Integration des Individuums ab, statt zu hoffen, dass sich diese Resultate ergeben, wenn der Berater bei der Lösung des Problems hilft. Das Individuum steht im Mittelpunkt der Betrachtung und nicht das Problem. Das Ziel ist es nicht, ein bestimmtes Problem zu lösen, sondern dem Individuum zu helfen, sich zu entwickeln, so dass es mit dem gegenwärtigen Problem und mit späteren Problemen auf besser integrierte Weise fertig wird. Wenn es genügend Integration gewinnt, um ein Problem unabhängiger, verantwortlicher, weniger gestört und besser organisiert zu bewältigen, dann wird es auch neue Probleme auf diese Weise bewältigen."

Mit seinen Forschungsarbeiten fand Rogers heraus, dass diese Veränderungsprozesse in Kraft gesetzt werden können, wenn es gelingt, eine definierte Beziehung herzustellen. Mit dieser sehr radikalen Ansicht, dass die Art der Beziehungsgestaltung der entscheidende Wirkfaktor für Veränderungen ist und nicht die angewandten Methoden, stand Rogers bzw. der Personzentrierte Ansatz sehr allein da, bis die neuere Psychotherapieforschung über 50 Jahre später genau dies bestätigte (Orlinsky et al. 2004, S. 323).

Für die Art der Beziehungsgestaltung formulierte Rogers sechs Bedingungen, die erfüllt sein müssen, wenn eine konstruktive Persönlichkeitsveränderung erfolgen soll (Rogers 1959/1989):
1. *Zwei Personen befinden sich in Kontakt.*
Dies bedeutet, dass sich Veränderung innerhalb einer Beziehung abspielt.

2. *Die eine Person, der Klient, ist im Zustand der Inkongruenz, ist verletzlich oder voller Angst.*
Wie im Kapitel 1.2 erläutert, bedeutet Inkongruenz, dass die Person aktuelle Erfahrungen nicht in ihr Selbstbild integrieren kann. Sie werden gänzlich abgewehrt oder verzerrt wahrgenommen.
3. *Die zweite Person, der Berater/Therapeut, ist in der Beziehung kongruent.*
Die Beraterin ist offen für ihre Gefühle und die Gefühle, die der Klient in ihr auslöst. Sie spielt keine Rolle, zeigt keine Fassade.
4. *Der Berater empfindet dem Klienten gegenüber bedingungslose positive Beachtung.*
Die Beraterin nimmt ihr Gegenüber so an, wie dieses ist, ohne es an ihren eigenen Bewertungsbedingungen zu messen. Damit muss die Beraterin die Handlungen der jeweiligen Person nicht gutheißen, dies ändert aber nichts an der Haltung, die die Beraterin der Person gegenüber einnimmt.
5. *Der Berater erfährt im empathischen Verstehen den inneren Bezugsrahmen des Klienten.*
Die Beraterin nimmt die Welt aus der Sicht des Gegenübers wahr, versucht die subjektive Wahrnehmung der Person zu verstehen, sich in diese einzufühlen.
6. *Der Klient nimmt zumindest in geringem Ausmaße die Bedingungen Nr. 4 und Nr. 5 wahr, nämlich die bedingungslose positive Beachtung des Beraters und das empathische Verstehen des Beraters* (Rogers, 1957/1987, S. 40).
Der Klient nimmt zumindest in Ansätzen die bedingungslose Beachtung bzw. unbedingte Wertschätzung und das empathische Verstehen wahr. Dies ist zum Beispiel nicht der Fall, wenn der Betreffende unter Drogen steht oder in einem psychotischen Zustand ist.

Gelingt es in dem Kontakt, eine Beziehung herzustellen, die auf Seiten der beratenden Person durch „Kongruenz (Authentizität)", „Unbedingte Wertschätzung" und „Empathisches Verstehen" gekennzeichnet ist, so führt dies auf Seiten des Klienten zur *Selbstexploration*. Damit ist gemeint, dass der Klient sich seinen emotionalen Einstellungen, Bewertungen, Wünschen und Zielen zuwendet, sich schrittweise über diese klarer wird oder sich um Klärung bemüht. Er entwickelt aus sich her-

Beziehung und Menschenbild

aus eine andere Sichtweise der Dinge, ganz ähnlich, wie sich beim Betrachten einer sogenannten Kippfigur auf einmal das Bild völlig ändern kann – ohne dass etwas hinzugefügt oder weggenommen wurde. Diese

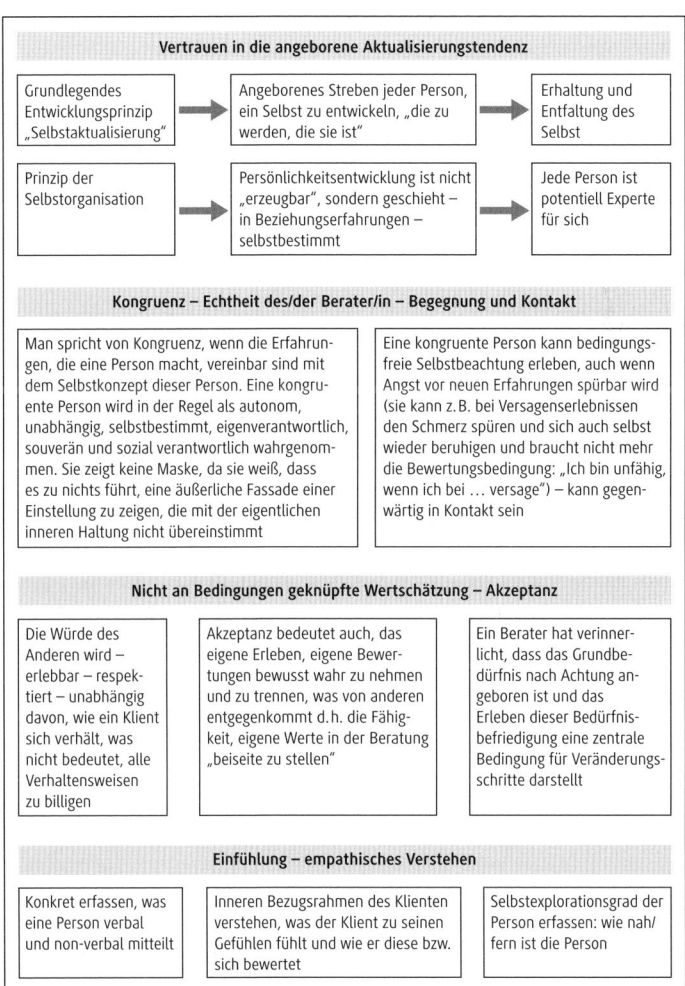

Abb. 2: Personzentrierte Grundprinzipien und das daraus sich ergebende Beziehungsangebot nach Kunze (2008)

Veränderung der Sichtweise findet sich auch bei der ‚Kontradiktischen Beratung' (Ellinger 2010). Empirische Befunde zeigen einen engen Zusammenhang zwischen dem Merkmal „Selbstexploration" und konstruktiven Änderungen des Klienten (vgl. Weinberger 2011). Abbildung 2 auf Seite 25 fasst die personzentrierten Grundprinzipien noch einmal zusammen.

1.4 Anwendungsfelder

Rogers hat seinen Ansatz von Anfang an nicht auf die psychotherapeutische Situation beschränkt, sondern wandte sich an alle Fachleute, die durch einen persönlichen Kontakt einen konstruktiven Wandel der Einstellungen bei ihren Klienten bewirken wollen. Neben der Gesprächspsychotherapie (Eckert et al. 2006, Finke 2004, Keil & Stumm 2002) und der Personzentrierten Kinder- und Jugendlichenpsychotherapie (Behr 2007, Boeck-Singelmann u. a. 2002, 2003, Goetze 2002, Reisel & Fehringer 2002, Reisel & Wakolbinger 2006, Schmidtchen 2001, 2002, Weinberger 2010) hat das an der Person, ihren Ressourcen und ihrem Veränderungspotential orientierte Konzept deshalb auch zu einer großen Verbreitung in den psychosozialen Arbeitsfeldern geführt. Dies gilt in erster Linie für den Bereich der Sozialen Arbeit, in dem die Klientenzentrierte Gesprächsführung bzw. Personzentrierte Beratung (Sander/Ziebertz 2010, Weber 2005, Weinberger 2011a) seit Jahrzehnten ein wichtiger Bestandteil der Aus-, Fort- und Weiterbildung ist. Aber auch in anderen Lebensbereichen, in denen die zwischenmenschliche Kommunikation eine bedeutende Rolle spielt, hat sich der Personzentrierte Ansatz behaupten können (Kunze 2008, Rechtien et al. 2009, Motschnig & Nykl 2009), des Weiteren im Bereich der Supervision, der Personal-, Team- und Organisationsentwicklung und im Coaching von Führungskräften (Schlechtriemen 2001, Terjung & Kempf 2001).

Dem Personzentrierten Konzept in der Pädagogik gab Rogers von Anfang an einen besonderen Stellenwert. 1969 (deutsch 1974) verfasste er das Buch *„Lernen in Freiheit"*, in dem er seinen Ansatz auf die Schule übertrug. Er zeigt in seinem Buch, wie sich empathisches

Verstehen, unbedingte Wertschätzung und Kongruenz auf Seiten der Lehrperson in einem schülerzentrierten Lernen abbilden kann. Wie ein Lernen entsteht, das selbst-initiiert ist und in welchem Schüler eigene Werte, Einstellungen und Verhaltensmaßstäbe entwickeln und danach handeln. Die Lehrperson versteht sich in diesem Ansatz als *„facilitator"*, als Förderer von Lernprozessen. Mit diesem Ansatz steht Rogers in der Tradition der sogenannten Reformpädagogik, die Anfang des 20. Jahrhunderts in Europa von herausragenden Persönlichkeiten wie Maria Montessori, Célestine Freinet und Peter Petersen, um nur einige zu nennen, entwickelt wurde. Auch in diesen Konzepten stehen das selbst-initiierte Lernen, die Gestaltung einer förderlichen Lernumgebung und die Bedeutsamkeit der Lehrer-Schüler-Beziehung im Mittelpunkt, genauso, wie dies Friedrich Fröbel, der Begründer der Kindergärten, schon ab 1820 für die kleinen Kinder propagierte. Es ist wohl kein Zufall, dass sich seit Beginn des 21. Jahrhunderts so etwas wie eine Renaissance dieser Reformpädagogik ankündigt, was sich sowohl in der ständig steigenden Nachfrage nach privaten Schulen mit diesem Ansatz zeigt als auch z. B. in der Jenaplan-Initiative in Bayern, die im Rahmen der staatlichen Schulen das Reformkonzept von Peter Petersen umsetzt.

In Deutschland haben die Psychologen Reinhard und Anne-Marie Tausch (1963/1998) als erste den Personzentrierten Ansatz im pädagogischen Rahmen bekannt gemacht. Später kamen dann die Eltern- und Lehrertrainings von Thomas Gordon dazu (Gordon 1972/1996, 1977/1995), ebenso wie das „Einfühlende Erzieherverhalten" von Behr & Walterscheid-Kramer (1995).

Im Bereich der Schule wurden nachfolgend viele Forschungsprojekte durchgeführt und Konzepte entwickelt. Tätigkeitsschwerpunkte waren der Personzentrierte Ansatz
- in einem schülerzentrierten Unterricht (Wagner 1977, Fleischer 1999),
- als personzentrierte Schule (Kempers 1999, Sauter 1999, Tausch 1999, Fleischer 2004, Schmitz-Schretzmair 2003),
- auf der Ebene der Schulleitung und Organisationsberatung (Fleischer 1986, Redlich & Richter 1992, Huttel 1999, Schäfer, 2004),
- im Rahmen von Empathieförderung und Stress- und Angstbewältigung in der Schule (Bieg & Behr 2002, Ruprecht u. a. 2002),
- in Bezug auf Kommunikation und Kooperation in der Schule (Schiffmann 2004),

- im Umgang mit schwierigen Schülern (Schmidt-Falck 2004, Feder 2009),
- in Eltern-Lehrer-Gesprächen (Behr & Franta 2003) und
- in der Schulseelsorge (Kugler 2002).

Die Gesellschaft für wissenschaftliche Gesprächspsychotherapie und Personzentrierte Beratung hat es sich daher zur Aufgabe gemacht, Aus-, Fort- und Weiterbildungen für Pädagogen anzubieten, ebenso die Fachverbände des Personzentrierten Ansatzes in Österreich und in der Schweiz.

Zusammenfassung

Der Personzentrierte Ansatz wurde ab 1940 von dem amerikanischen Psychologen *Carl R. Rogers* entwickelt. Ausgehend von intensiver empirischer Forschung nach den Merkmalen einer hilfreichen Beziehung formulierte Rogers eine Theorie der Persönlichkeit und der zwischenmenschlichen Beziehung. Rogers geht von einem Menschenbild aus, in welchem jeder Mensch das Potential zum Wachstum und zur konstruktiven Veränderung in sich trägt. Dieses von ihm *Aktualisierungstendenz* genannte Entwicklungsprinzip gilt es in der therapeutischen wie in der beratenden Beziehung zu aktivieren. Das geschieht durch die Realisierung der drei Prinzipien: ‚Kongruenz', ‚Unbedingte Wertschätzung' und ‚Empathisches Verstehen'. Im Zentrum der Aufmerksamkeit steht im Personzentrierten Ansatz immer der Mensch und nicht das Problem. Statt handelnd einzugreifen oder sich als Experte für Problemlösungen zu verstehen, werden im Personzentrierten Ansatz daher wachstumsfördernde Bedingungen bereit gestellt, die der jeweiligen Person helfen, das in ihr liegende Potential zur Veränderung zu aktivieren.

2

Der Personzentrierte Ansatz in der Schule

„Zweierlei Aufgaben hat jede Geistigkeit und Kultur: den Vielen Sicherheit und Antrieb zu geben, sie zu trösten, ihrem Leben einen Sinn zu unterlegen – und dann die zweite, geheimnisvollere, nicht minder wichtige Aufgabe: den Wenigen, den großen Geistern von morgen und übermorgen das Aufwachsen zu ermöglichen, ihren Anfängen Schutz und Pflege zu leihen, ihnen Luft zum Atmen zu geben."

Hermann Hesse

In der Heil-, Sozial- und Sonderpädagogik haben die Grundlagen von Rogers Ansatz seit Jahrzehnten Einzug gefunden. Doch lässt sich ein Grundsatz, wie z. B. *Heilpädagogik ist Individualpädagogik,* auch auf den regulären Schulbetrieb übersetzen? Können wir Kinder auch in der Regelschule individuell fördern und ihnen mit personzentrierter Haltung begegnen oder bleibt diese Vorgehensweise nur privilegierten Kindern an Privatschulen vorbehalten?

In Meyers Enzyklopädie wird die Aufgabe der Pädagogik so beschrieben, dass „*Erzieher im Idealfall planvoll versuchen, bei dem zu Erziehenden unter Berücksichtigung seiner menschlichen Eigenart ein erwünschtes Verhalten zu bewahren, zu verstärken oder überhaupt erst zu entfalten*". Diese Definition beinhaltet an sich schon personzentrierte Grundannahmen: Erziehung kann nur *unter günstigsten Bedingungen* (im Idealfall) *mehr oder weniger geplant* (planvoll) *versuchen*, ein erwünschtes Verhalten beim zu Erziehenden zu *bewahren, zu verstärken* und *zu entfalten* und dies auch nur, wenn dessen *individuelle Persönlichkeit* (menschliche Eigenart) berücksichtigt wird.

In diesem Kapitel geht es darum, die Grundprinzipien der Beziehungsgestaltung im Personzentrierten Ansatz „Kongruenz, Unbedingte Wertschätzung und Empathisches Verstehen" mit dem Schwerpunkt „*Fördern lernen*" in Verbindung zu bringen und Parallelen aus kommunikationstheoretischen, neurowissenschaftlichen und bindungstheoretischen Erkenntnissen aufzuzeigen.

2.1 Kommunikation und *Fördern lernen*

Zu Beginn eine kleine Übung: Stellen Sie sich vor, Sie sitzen mit Ihrer Familie oder Freunden zwanglos zusammen und unterhalten sich. Plötzlich sagt eine Person laut und deutlich, aber ohne emotionale Beteiligung in der Stimme: „Hund". Was passiert?

Person A verhält sich sofort nervös/ängstlich und schaut besorgt um sich (wurde schon einmal von einem Hund gebissen)
Person B kommt in sentimentales Schwärmen über seinen im letzten Jahr verstorbenen Golden Retriever
Person C hört das Wort gar nicht, weil sie in Gedanken bereits beim morgigen Ausflug ist
Person D ärgert sich, weil sie findet, dass mit diesem unpassenden Einwurf das interessante Gespräch unterbrochen wurde
Person E legt sofort aufgeregt los, über verschiedene Hunderassen zu berichten (wünscht sich seit langem einen Hund)

Person F erschrickt sofort, weil ihr einfällt, dass sie ihrem zu Hause gelassenen Hund heute noch kein frisches Wasser gegeben hat

Person G lenkt sofort auf ein anderes Thema ab, weil sie von den Wünschen der Person E weiß und deren Monologe überdrüssig ist

Person H ist überrascht, dass ein Wort so viele unterschiedliche Reaktionen auslösen kann ...

Es wird deutlich, dass mit nur *einem* Wort innerpersonelle Bewertungs- und Empfindungsprozesse in Gang gesetzt werden, die sich gänzlich dem Einfluss des Gegenübers entziehen, jedoch die gesamte Gesprächssituation sofort verändern.

Für Kommunikationstheoretiker nimmt die Tatsache der unterschiedlichen Aufnahme von Informationen bereits wesentlichen Einfluss auf menschliches Lernen in der Gruppe. Schulz von Thun beschreibt vier Aspekte menschlicher Kommunikation:

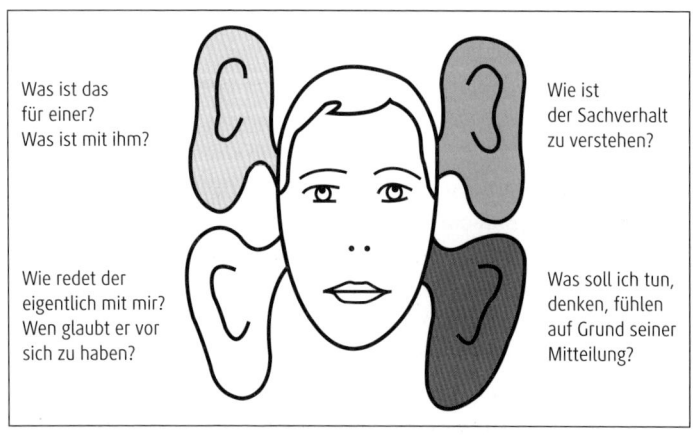

Abb. 3: Der „vierohrige Empfänger" (Schulz v. Thun 2010, S. 45)

Übertragen auf das Unterrichtsgeschehen tritt die Lehrkraft als *Sender* einer Information (z. B. der Frage: „Wer von euch hat schon Erfahrungen mit Hunden gemacht?") quasi mit jedem einzelnen Schüler als *Empfänger* in einen interpersonellen Dialog, z. B.:

Der Personzentrierte Ansatz in der Schule

Die Lehrkraft wird schon bei einer aus ihrer Sicht objektiv gestellten Frage mit den unterschiedlichsten Reaktionsmöglichkeiten der Kinder ihrer Klasse konfrontiert und zwar ohne dass sie dies beabsichtigt hat. Jedes einzelne Kind teilt ihr verbal oder nonverbal sein „Verständnis" der Frage mit, wobei immer auch der Beziehungsaspekt angesprochen wird. Die Lehrkraft wird wiederum auf vier verschiedenen Ebenen empfangen und einordnen.

Begegnung und Beziehung zum einzelnen Kind geschehen also auch dann, wenn es vermeintlich um Sachinformationen im Unterricht geht. So betont Watzlawick (1969) in einem seiner Axiome zur Kommunikation: „Man kann nicht *nicht* kommunizieren." Dieser Tatsache gilt es auch im unterrichtsdidaktischen Vorgehen Beachtung zu schenken, z.B. indem die Lehrkraft zu Beginn einer neuen Thematik mit den Kindern über die Befindlichkeit und den individuellen Wissensstand „kommuniziert". Mit Ritualen und feststehenden Gesprächsregeln kann sie den Schulalltag strukturieren und dem Kind auf diese Weise Berechenbarkeit, Sicherheit und Transparenz vermitteln, z.B. durch Einführen eines „Erzählsteins" oder einer „Gesprächsmütze" (vgl. Bergsson S. 63f.). Jedes Kind wird da abgeholt, wo es kognitiv *und* emotional zum Thema steht und mögliche Verständigungs- und Verständnisprobleme können im Vorfeld ausgeschlossen werden. Aufmerksamkeit und Konzentration erhöhen sich mit dem Gefühl des Kindes, wahr- und ernst genommen zu werden.

Man kann davon ausgehen, dass bestimmte Kommunikationsregeln das Lernen im Unterricht „befördern", so dass *jedes* Kind sich angesprochen fühlt. Diese finden sich auch im Personzentrierten Ansatz als Gesprächsmethoden (siehe Kapitel 3) wieder, z. B.

- *Wertfreies* Beobachten des Kindes, darüber Rückmeldung geben
- *Reflexion* eigener Verhaltenserwartungen
- *Transparenz* des erwünschten Verhaltens
- *Nonverbale* Botschaften stellen Kontakt zum Kind her (z. B. dem Kind in die Augen schauen, offene Körperhaltung, individuelles Lob aussprechen)

Auch in der Elternberatung werden Methoden der personzentrierten Gesprächsführung immer häufiger angewendet, die der Gesprächspsychotherapie entlehnt sind.

Zusammenfassung

Kommunikationstheoretische Grundlagen bestärken die Annahmen des Personzentrierten Ansatzes, dass der Beziehungsaspekt einen wesentlichen Einfluss auf das Lernen und Verändern einer Person hat. Jede von der Lehrkraft mitgeteilte Sachinformation wird vom Schüler in einer von vier Empfangsweisen wahrgenommen und rückgemeldet: Sachliche Ebene, Beziehungsaspekt, Selbstoffenbarung und Appell. Informationsvermittlung im Unterricht kann dann zu einem lebendigen Vorgang werden, wenn die Trennung von Sach- und Beziehungsebene aufgehoben ist und gemeinsame Kommunikationsregeln Berücksichtigung finden.

Weiterführende Literatur

Satir, V. (2009): Selbstwert und Kommunikation. Stuttgart.
Schulz von Thun, F. (1990): Miteinander reden. Hamburg.
Watzlawick, P. (2011): Menschliche Kommunikation. Bern.

2.2 Gehirnentwicklung und *Fördern lernen*

Die moderne Hirnforschung konnte in den letzten zwei Jahrzehnten die Verarbeitungs- und Lernprozesse des menschlichen Gehirns sichtbar machen. Zahlreiche neurowissenschaftliche Erkenntnisse bestärken die Theorie Rogers, dass mit der personzentrierten Haltung des Lehrenden die lernende Person optimal gefördert werden kann (Lux 2007).

Neurowissenschaftliche Untersuchungen haben gezeigt, dass das Kind von seiner hirnphysiologischen Ausstattung her offen ist für ganz unterschiedliche Kulturen und Milieus. Ein Überangebot an Kontaktstellen zwischen Nerven- und anderen Zellen erlaubt ein schnelles Erlernen ganz unterschiedlicher Verhaltensweisen, Sprachen, Lebensstile usw.

Im folgenden Kapitel werden einige Grundlagen vorgestellt, die für den schulischen Kontext und das Thema *Fördern lernen* relevant sind. Es wird aufgezeigt, inwieweit sie für das Lehr- und Lernverständnis von Bedeutung sind und vom Personzentrierten Ansatz aufgegriffen werden.

Unser Gehirn ist nutzungsabhängig oder das „Use it, or lose it"-Prinzip

Unser Erleben und Verhalten basiert auf neuronalen Verschaltungsmustern, die ein Leben lang veränderbar sind. Werden Verbindungen zwischen Neuronen häufiger genutzt, werden sie (ähnlich unserer Muskeln) gestärkt; man nennt diesen Vorgang Bahnung. Hüther (2005) beschreibt dieses Phänomen mit dem *Bild einer Landschaft*.

Wir „erkunden" in der Art, wie wir wahrnehmen, denken, handeln und fühlen, unsere Gehirnlandschaft und bahnen uns Wege auf kleinere und größere Inseln der Erfahrungen. Wir haben zahlreiche Möglichkeiten, diese Inseln (im Folgenden als „Erfahrungsinseln" bezeichnet) zu erweitern und die Wege dorthin breiter, bequemer, sicherer zu gestalten. Die Gestaltung dieser Infrastruktur im Gehirn geschieht dabei in phantastischer Wechselwirkung: Wir empfinden, handeln und denken nicht nur entsprechend unseres neuronalen Verschaltungsnetzwerkes, sondern unsere Verschaltungsmuster entwickeln sich auch entsprechend der Art, wie wir sie benutzen: „Wir sind die Gestalter des Wegenetzes unserer Gehirnlandschaft" (Lux, S. 29).

Während in den ersten zehn Lebensjahren das Lernen leicht und sehr schnell vonstatten geht, verlangt es in den folgenden Jahren immer mehr Anstrengung. Die Bahnen, in denen der Jugendliche oder Erwachsene denkt, sind in der Kindheit grob festgelegt worden. Erfahrungsinseln sind gut erforscht; Wege, die zu völlig neuen Inseln führen würden, sind möglicherweise zugewachsen oder verschwinden gänzlich von der Landkarte. Dies bedeutet, dass wir nicht mehr so flexibel reagieren können und möglicherweise überfordert sind, wenn wir mit Situationen konfrontiert werden, die andere Fähigkeiten erfordern. Wir werden sozusagen abhängig von unserer selbst erstellten Landkarte und brauchen sehr viel Mut und Sicherheit, neues Gebiet zu erforschen, zugewachsene Wege frei zu räumen und wieder begehbar zu machen.

Erinnern wir uns an das Beispiel „Hund" vom Eingang, so sehen wir, wie unterschiedlich die Erfahrungslandschaften der Anwesenden gestaltet sind. Biographische Erfahrungen werden in die neue Lernsituation unmittelbar eingebunden. Handelt es sich um schwer belastende Ereignisse oder traumatische Erfahrungen, kann eine tief greifende Umorganisation der neuronalen Verschaltungsmuster stattfinden (der Weg zur Insel wird zugeschüttet, verbarrikadiert ...). Neue Erfahrungen können nicht mehr anknüpfen (siehe Kapitel 2.4 Trauma).

„Die Bewertung neuer Situationen durch das Gehirn erfolgt durch einen in Sekundenbruchteilen vollzogenen Abgleich der aktuellen Lage mit abgespeicherten Erinnerungen in ähnlichen Situationen ... Individuelle Vorerfahrungen sind ... in Nervenzell-Netzwerken des Großhirns und des limbischen Systems abgespeichert. Je nach individueller Beziehungserfahrung repräsentieren diese Speicher eine Mischung aus persönlichen Vorerfahrungen, die teils gelungene Problemlösungen beschreiben, teils aber auch Niederlagen, Erlebnisse von Hilflosigkeit, Einsamkeit und Schmerz ..." (Bauer 2002, S. 37 f.).

Welche pädagogischen Konsequenzen lassen sich auf dem Hintergrund personzentrierten Denkens aus diesem neurobiologischen Aspekt ableiten?

Will man dem einzelnen Kind *in seiner menschlichen Eigenart* (siehe Definition von Pädagogik) gerecht werden, geht es darum, Intelligenz nicht als feststehende messbare Größe und Garantie für Lern- und Schulerfolg zu sehen. In der Funktion eines „Forschers, Detektivs oder Spähers" gilt es, mit dem Kind zunächst die bereits (vor der Schule) erkundeten Erfahrungsinseln zu erforschen. Die Lehrkraft sucht die „Andockstellen" der bekannten Gebiete und erweitert sie mit neuen Lerninhalten. Sie findet gemeinsame Gesprächsanlässe und ordnet neue Sachverhalte dem begehbaren Gelände zu, bietet unterschiedlichste Materialien als „Brücken" an und respektiert das Bemühen des Kindes, wenn schwieriges, „gefährliches" Territorium (z. B. mit Angst besiedeltes Gebiet) nicht betreten werden darf. Die Bewertung gemachter Erfahrungen wird allein dem Organismus des Kindes überlassen. Es kann selbständig neue Wege durch die Landschaft erkunden und damit neue Fähigkeiten erwerben, aber auch Wege mit Hindernissen im Sinne einer Weiterentwicklung bereits angelegter Ressourcen betreten. Durch unermüdliches Ermutigen und Wiederholen wird dem Kind vermittelt, dass sich ein Abzweigen von der „Autobahn" („Wie verhalte ich mich am schnellsten so, dass ich am schnellsten den Stress, das Problem los werde ...") auch lohnen kann, weil „man dann mehr von der Landschaft zu sehen bekommt". *Je öfter ein Kind neue angst- und bewertungsfreie Erfahrungen machen kann*, umso flexibler werden sich seine Verhaltens- und Problembewältigungsstrategien gestalten, Lernen und Veränderung werden möglich. Mit einer personzentrierten pädagogischen Herangehensweise erschaffen wir in der Schule ein Klima der Sicherheit und ermöglichen so eine optimale Nutzung des Entwicklungspotentials des einzelnen Kindes.

Spiegelneuronen begründen die Fähigkeit des Menschen, sich in andere einzufühlen und prägen die pädagogische Beziehung

Spiegelneuronen sind Nervenzellsysteme, die uns befähigen, Vorgänge im Gehirn in Gang zu setzen, die wir am anderen beobachten. Sie erklären beispielsweise die Erfahrung, dass wir Freude, Angst oder Schmerz nachempfinden und den anderen deshalb intuitiv verstehen können. Auch das „Lernen am Modell" benutzt eben jene Spiegelneuronen.

Bauer (2008) beschreibt den Aspekt der Spiegelneuronen und deren Auswirkung auf den Bereich der pädagogischen Beziehung. Es gibt keine Motivation ohne Beziehung – soziale Akzeptanz, Beachtung und Sympathie sind ausschlaggebend für die Leistungsbereitschaft des Kindes. Eltern, Lehrer und Erwachsene, die einfühlend auf das Kind zugehen, erzeugen eine Resonanz, die das Kind anstecken kann. Die Neuroforschung spricht dann von „emotionaler Ansteckung" (ebd. S. 133). Auch Kinder untereinander „spiegeln" sich gegenseitig ihre Gefühle, z. B. Interesse, Freude, aber auch Frustration und Hilflosigkeit.

Beschriebene Phänomene erklären, warum sich Menschen von den Stimmungssystemen anderer anstecken lassen und daher gruppendynamisch gut motiviert werden können. Diese Fähigkeit kann sich die Lehrkraft im Unterricht zunutze machen.

Kinder wollen nach Bauer „wahrgenommen und persönlich gesehen werden" und sind dann bereit, für Beachtung und Anerkennung eine Menge zu tun. Wenn hingegen soziale Akzeptanz, Beachtung und persönliche Wertschätzung fehlen, werden Stresssysteme hochgefahren, die Lernen blockieren (ebd. S. 28 f.).

Der Regelkreis der Stresshormone

Die stammesgeschichtlich „jüngste" Hirnregion, das Großhirn, kann somit nur aktiv werden, wenn die Sicherheits- und Anerkennungsbedürfnisse des Lernenden befriedigt sind. Ist die Beziehungsebene der Lernpartner noch nicht ausreichend von einem Gefühl des Vertrauens und der Geborgenheit geprägt, dann übernehmen automatisch, ohne dass wir dies verhindern können, „ältere" Regionen im Gehirn die Führung (über Hormonreaktionen). Eine kleine, mandelförmige Struktur im Mittelhirn, Amygdala genannt, ist dafür verantwortlich, dass eine schnelle Reaktion aktiviert wird, wenn eine Gefahr wahrgenommen wird. LeDoux (2001) vergleicht sie mit einem Frühwarnsystem, das den Körper sofort in Alarmbereitschaft versetzt und andere Bereiche des Gehirns heranzieht, um mit der Situation fertig zu werden.

Im Wesentlichen sind dann nur noch zwei Reaktionen möglich, *Kampf* oder *Flucht*. Das Stress-System wird als biologisches Programm bei Überforderung, Bedrohung oder durch Erfahrung von Gewalt aktiviert und kann langfristig zu einer Schwächung des Immunsystems, zu Aggression oder Depression oder zum Burnout-Syndrom führen (Hüther 2009). Zugeständnisse, die z. B. in einer solchen Gemütsverfassung gemacht werden, sind nichts anderes als getarnte Fluchtreaktionen, sie können nicht im Sinne eines anhaltenden Lernerfolges eingestuft werden. Klares Denken, Zuversicht und Mut, Wille zum Erfolg und kreative Problemlösungen können nicht aktiv in den Lernprozess einbezogen werden. Der Lernpartner kann den kognitiven Inhalt eines Themas nicht wahrnehmen oder verarbeiten, wesentliche Lernenergie geht verloren. Wie entscheidend sich diese neurobiologische Funktion auf das Lernen und unser Gedächtnis auswirken kann, wird in den folgenden Kapiteln über Bindungs- und Traumaerfahrungen noch eingehender verdeutlicht.

Lernen und Emotionen

Die Entwicklung von höheren, komplexeren Hirnregionen ist auf die angemessene Organisation niedriger, einfacherer Areale angewiesen. Es handelt sich dabei um individuelle Lernprozesse, die von früheren Erfahrungen und den damit verbundenen emotionalen Bewertungen beeinflusst werden.

Beispiel

Kommen wir erneut auf unser Anfangsbeispiel zum Thema „Hund" zurück, so bemerken wir, dass nur der Gedanke an einen Hund in jedem einzelnen Zuhörer positive oder negative emotionale Erregungen auslöst, die wesentlich davon abhängen, ob wir positive oder negative Erfahrungen mit Hunden gemacht haben. Das denkende und schlussfolgernde Frontalhirn trifft letztendlich die Entscheidung darüber, ob die Botschaft der Amygdala, eine Angstreaktion auszulösen, berechtigt ist oder nicht. Es greift dabei auch auf die im limbischen System gespeicherten emotionalen Informationen zurück und organisiert ein entsprechendes kontrolliertes Verhaltensangebot, das z. B. in diesem Fall bei der Person A lauten könnte: Botschaft Hund → Reaktion Angst → physiologische Körperreaktionen, z. B. Muskelanspannung,

Herzschlag, Hormonausschüttung → Wahrnehmung der konkreten Situation → Abgleich der Empfindungen, die aufgrund von Erfahrung hochfahren → „Entwarnung durch das denkende Frontalhirn" → die Amygdala zieht ihre Bremse → Beruhigung des Organismus → Teilnahme am Gespräch ist wieder möglich.

Die neurobiologische Forschung zeigt, dass ein sog. mittleres Anspannungsniveau, d. h. die *kontrollierbare* Aktivierung und Beteiligung emotionaler Erregung, ob positiver oder negativer Art, unsere Gedächtnisleistung förderlich begünstigt (Lux, S. 60).

Aus den letzten Aspekten neurowissenschaftlicher Forschungen begründen sich zwei Wirkfaktoren personzentrierten Denkens für das Lernfeld Schule: *Emotionale Sicherheit und emotionale Resonanz* sind Schlüssel für menschliches Lernen und Erinnern. Hier finden sich eben jene Grundhaltungen der bedingungslosen Wertschätzung, der Echtheit und des empathischen Verstehens wieder, die Rogers in den Mittelpunkt des therapeutischen/pädagogischen Veränderungsprozesses stellt.

Arbeitsgedächtnis und Aufmerksamkeit – methodische Schlussfolgerungen

Der Kognitionspsychologe Baars entwickelte ein Modell, das sich aus psychologischen und neurowissenschaftlichen Grundlagenbefunden ableitet. Er beschreibt das Gehirn als „Theater des Bewusstseins", um das Zusammenspiel verschiedener Funktionssysteme zu verdeutlichen (zitiert in Lux 2007, S. 63).

Hier seien zwei neuropsychologische Funktionen ausgewählt, die methodische Hinweise für den Unterrichtsprozess geben können:

Funktion 1: Unser Arbeitsgedächtnis verfügt über eine begrenzte Speicherdauer und eine begrenzte Speicherkapazität

Die zentrale Funktion des Arbeitsgedächtnisses besteht darin, Informationen für kognitive Verarbeitungsprozesse im Sinne einer „Werkstatt des Gehirns" (Lux, S. 64) bereitzustellen. Wir brauchen das Arbeitsgedächtnis bei allen komplexen geistigen Leistungen wie dem vorausschauenden oder problemlösenden Denken. Hier werden Informationen, die in verschiedenen Gedächtnissystemen gespeichert sind, „hervorgeholt" und mit gespeicherten emotionalen Erfahrungen verknüpft. Kennzeichnend ist, dass wir maximal (7 +/− 2) unverbundene Informationseinheiten („magical number 7") gleichzeitig im Arbeitsgedächtnis behalten können (begrenzte Speicherkapazität). Darüber hinaus können wir davon jeweils nur *eine* Information in den Mittelpunkt unserer *bewussten* Aufmerksamkeit stellen (begrenzte Speicherdauer).

Stellen wir uns das Arbeitsgedächtnis als Bühne des Theaters vor, so agieren dort Schauspieler verschiedener vielfältiger Bewusstseinsinhalte miteinander, von denen aber jeweils nur einer im Rampenlicht (Bühnenscheinwerfer) stehen kann. Zu den Schauspielern zählen nach Baars Sinneserfahrungen, inneres Sprechen, Imaginationen, Körperempfindungen, Gefühle, abstrakte Gedanken, Erinnerungen, bewusst gemachte Annahmen über die eigene Person und die Welt sowie gegenwärtige explizite Absichten, Erwartungen und Handlungen (ebd. S. 65).

Funktion 2: Unsere Aufmerksamkeit kann zu einem bestimmten Zeitpunkt nur auf *eine* kognitive Aufgabe gerichtet werden

Die verschiedenen Schauspieler „konkurrieren" dabei um den begehrten Scheinwerferplatz auf der Bühne, denn nur das, worauf die Aufmerksamkeit gerichtet wird, kann in die expliziten Gedächtnissysteme (z. B. Langzeitgedächtnis) gelangen. Hier kann Einfluss genommen werden auf die verschiedenen Funktionssysteme des Gehirns.

Gibt man diesem Wissen im Unterrichtsgeschehen mehr Raum, so bedeutet dies, dass durch Übungen zur Aufmerksamkeit, Achtsamkeit und Körperempfindung die „innere Bühne" des Kindes vorbereitet werden kann. Das Kind kann sich so von ablenkenden Reizen lösen und innerlich auf den Moment vorbereiten, wo das jeweilige Unterrichtsthema vorgestellt wird („der Bühnenscheinwerfer wird eingeschaltet"). Die Integration des nachfolgenden Lernmaterials in das Gedächtnis kann gelingen.

Zusammenfassung

Die moderne Neurobiologie konnte wichtige Erkenntnisse über die Lern- und Entwicklungsprozesse des Menschen liefern, die sich in hoher Übereinstimmung mit der Theorie des Personzentrierten Ansatzes von Carl Rogers befinden. Im Mittelpunkt stehen die Beziehung und die Begegnung von Person zu Person als Voraussetzung für die Entfaltung des individuellen Entwicklungspotentials.

Die im Personzentrierten Ansatz vertretene Ansicht, dass es sich bei der Entwicklung der Persönlichkeit um einen lebenslangen Prozess handelt, wird durch die Veränderbarkeit und Nutzungsabhängigkeit neuronaler Verschaltungsmuster bestätigt. Durch die Entdeckung der Spiegelneuronen wird die Fähigkeit des Menschen zu empathischem Verstehen deutlich. Sie stellen die Grundlage für Gefühlsansteckung, Modelllernen und Empathie dar und können durch kongruentes und wertschätzendes Verhalten des Gegenübers stimuliert werden.

Ferner wurde neurowissenschaftlich belegt, dass Lernen nur in einem für den Lernenden emotional sicheren Beziehungsklima möglich ist, das er mitgestalten und kontrollieren kann. Befunde über das Arbeitsgedächtnis und die gerichtete Aufmerksamkeit des Menschen können in die methodischen Überlegungen zur Unterrichtsgestaltung einbezogen werden.

Weiterführende Literatur

Bauer, J. (2008): Lob der Schule. München.

Caspary, R. (Hrsg.) (2009): Lernen und Gehirn. Der Weg zu einer neuen Pädagogik. Freiburg.

Hüther, G. (2009): Biologie der Angst, Wie aus Stress Gefühle werden. Göttingen.

Lux, M. (2007): Der Personzentrierte Ansatz und die Neurowissenschaften. München.

2.3 Bindungserfahrung und *Fördern lernen*

Ausgehend von der Bindungstheorie, die von dem englischen Psychiater und Psychoanalytiker John Bowlby (1907–1990) aufgestellt wurde, hat sich die empirische Bindungsforschung entwickelt, die untersucht, inwieweit die frühen Bindungserfahrungen eines Kindes Auswirkungen auf sein späteres Verhalten haben.

Bowlby ging davon aus, dass Menschen eine phylogenetische, d. h. eine stammesgeschichtlich vorgegebene Bereitschaft mitbringen, eine starke emotionale Bindung zu einer bevorzugten Bindungsperson oder zu mehreren anderen zu entwickeln. Die Bindung zu einer Bezugsperson hat dabei die Funktion, dem Kind als „emotionales Band" (Ainsworth u. a. 1978, S. 303) ein Gefühl von Sicherheit und Vertrauen zu geben. Diese „sichere Basis" (Ainsworth 1968) ist Ausgangsort für die Erkundung der Umwelt und Zufluchtsort bei Angst und Gefahr.

Die Bindungsforschung (Brisch 2009, Grossmann & Grossmann 2006, Spangler & Zimmermann 2009) konnte zeigen, dass die frühen Erfahrungen des Kindes in Bezug auf Zuwendung und Verfügbarkeit der Bindungspersonen als *innere Arbeitsmodelle* im Selbst des Kindes verankert werden und auch in Abwesenheit der Bindungspersonen wirken. „Kinder, die Nähe suchen und verlässlich akzeptiert werden, entwickeln andere Arbeitsmodelle von der Welt und sich selbst als Kinder, die bei Versuchen, Nähe zu erlangen, abgewiesen oder nur unvorhersehbar angenommen werden" (Grossmann u. a. 1989, S. 10). Diese Arbeitsmodelle der verschiedenen Bindungsmuster existieren außerhalb des Bewusstseins und zeigen sich über die Kindheitsjahre sehr stabil. Sie sind so etwas wie eine *emotionale Organisationsstruktur*, die Gefühle und Verhalten der jeweiligen Person beeinflussen. Unterbleibt eine Reflexion und Bearbeitung der dem inneren Arbeitsmodell zugrundeliegenden Erfahrungen, werden sie in neuen Beziehungen immer wiederholt.

Die Bindungsforschung unterscheidet zwischen *sicher gebundenen Kindern* und *unsicher gebundenen Kindern*. Sicher gebundene Kinder zeigen ihre Gefühle, sie sehen die Bezugsperson als „sichere Basis" an, die vorhersehbar und zuverlässig reagiert. Aufgrund dieser „sicheren Basis" können sie neugierig und angstfrei ihre Umgebung erkunden. Bei den *unsicher gebundenen Kindern* zeigten sich drei Bindungsmuster: *Unsicher-vermeidend*, wenn die Kinder aufgrund einer zu erwartenden Enttäuschung ihre Bindungswünsche nicht zeigen, *unsicher-ambivalent*, wenn die Kinder sich aufgrund der unsicheren Bindung mal ängstlich klammernd, mal ärgerlich abwendend verhalten, und *desorganisiert-unsicher*, wenn die Kinder auf keine organisierte Verhaltensstrategie zurückgreifen können. Dies ist vor allem der Fall, wenn die Kinder von der Bezugsperson selber geängstigt werden, da diese sich – häufig aufgrund traumatischer Erlebnisse oder einer gravierenden psychischen Erkrankung – vom Kind bedroht fühlt.

Entscheidend für eine *sichere Bindung* ist nach der empirischen Forschung die Fähigkeit der Mutter bzw. der Hauptbezugsperson, die Signale des Säuglings wahrzunehmen, aus seiner Lage heraus zu verstehen und auf diese prompt und angemessen zu reagieren (Ainsworth u. a. 1978).

Die frühen Passungsmuster zwischen Mutter und Kind beeinflussen maßgeblich die entstehende Selbst-Struktur des Kindes und die Fähigkeit zur Affekt- und Selbstregulation (vgl. Papousek et al. 2004, Fonagy et al. 2008, Fröhlich-Gildhoff & Jürgens-Jahnert 2010).

Für Lehrer und Lehrerinnen ist es auch wichtig zu wissen, dass Bindungsverhalten und Explorationsverhalten in einem unmittelbaren Zusammenhang stehen (Grossmann et al. 1989). Wenn sich ein Kind sicher gebunden fühlt, dann ist das Explorationsverhalten hoch, es ist lernbegierig und aufnahmefähig. Ein unsicher gebundenes Kind zeigt wenig Neugier. Hier fehlt die „sichere Basis", die es braucht, um sich ohne zu große Angst auf Neues einlassen zu können. Schleiffer (2002, 2009, 2011), der die Auswirkungen der unterschiedlichen Bindungsmuster auf das Lernverhalten darstellt, zeigt auf, wie sich Lernstörungen nicht als Ausdruck eines Defizits verstehen lassen. Er erklärt, wie die Lern- bzw. Explorationsvermeidung – bei unsicher gebundenen Schülern – als problemlösendes Verhalten gesehen werden kann, das dem Schüler in Beziehungen ein Mindestmaß an Kontrolle bietet.

In der Schule werden die bereits erwähnten inneren Arbeitsmodelle auf die Lehrer-Schüler-Beziehung übertragen. Das gilt nach Schleiffer (2011) nicht nur für die Grundschulzeit, sondern für die gesamte Schulzeit bis ins Erwachsenenalter. Er fasst die Auswirkungen der Bindungsbeziehung auf die Lehrkraft-Schüler-Beziehung folgendermaßen zusammen:

Bindungssichere Schüler
- können die Lehrkraft als Wissensvermittler nutzen
- geben der Lehrkraft einen „Vertrauensvorschuss"
- sehen in der Lehrkraft eine sichere Basis
- können die Lehrkraft um Hilfe bitten
- konstruieren die Lehrkraft als Alliierte ihrer Eltern
- Bindung ist für sie „kein Thema"
- können in der Schule explorieren und lernen.

Für die Lehrkraft bedeutet dies, dass sie für diese Kinder mit einer ausreichenden Feinfühligkeit als sichere Basis zur Verfügung steht.

Bindungsunsichere Schüler zeigen je nach Unterkategorie folgende Verhaltensweisen:

Schüler mit einem unsicher-vermeidenden Bindungskonzept
- vermeiden Bindungsverhalten
- konzentrieren sich auf den Sachaspekt, nicht auf die Beziehungsebene
- lassen sich ungern helfen
- betonen ihre Autonomie (zeigen sich „cool").

Für die Lehrkraft ist dies frustrierend, da sie mit ihren Beziehungsangeboten bei diesen Schülern erst einmal „abblitzt".

Schüler mit einem unsicher-ambivalenten Bindungskonzept
- zeigen sich sehr abhängig (klammern, nerven)
- sind fortwährend mit der Beziehung zur Lehrkraft beschäftigt
- „aktiv-entdeckendes Lernen" findet nicht statt.

Für die Lehrkraft sind diese Schüler gefühlsmäßig sehr anstrengend.

Schüler mit einem desorganisiert-unsicheren Bindungskonzept
- suchen vermehrt Aufmerksamkeit und Anerkennung
- sind zu unsicher, um effektiv lernen zu können
- können sich an die schulischen Anforderungen nur sehr schlecht anpassen
- unterstellen sehr schnell „feindliche Absichten"
- haben einen bedeutsamen psychopathologischen Risikofaktor.

Für die Lehrkraft ist es wichtig zu wissen, dass es sich bei diesen Schülern häufig um traumatisierte Kinder und Jugendliche (s. Kapitel 2.4) handelt.

Schleiffer (ebd.) betont die Wichtigkeit, Schülern bindungskorrigierende Erfahrungen zu vermitteln. Dies geschieht, indem die Lehrkraft sich entgegen den Erwartungen des Schülers verhält, auf seine Autonomie- und Kontrollbedürfnisse feinfühlig reagiert, den Schüler den Grad von Nähe und Distanz selbst bestimmen lässt und indem im Rahmen der Schule immer wieder *Eins-zu-Eins-Beziehungen* möglich gemacht werden.

Die Prinzipien ‚Kongruenz', ‚Unbedingte Wertschätzung' und ‚Empathisches Verstehen' sind Voraussetzungen dafür, dass der Schüler in einem pädagogischen Rahmen eine *korrigierende, emotionale Beziehungserfahrung* machen kann, die seine *inneren Arbeitsmodelle* verändert. Indem er durch das wertschätzende und kongruente Verhalten der Lehrkraft ermutigt wird, seine Gefühle zu zeigen, und indem seine inneren Gefühlszustände empathisch aufgegriffen werden, lernt er, diese zu verstehen, sie sprachlich auszudrücken (zu symbolisieren) und damit überhaupt erst einer Eigensteuerung zugänglich zu machen. Eine nur unvollkommene *Mentalisierung* – damit ist die Fähigkeit gemeint, eigene und fremde mentale Zustände (Gefühle, Vorstellungen, Motive, Gedanken, Wünsche) zu erkennen und zu benennen (Fonagy et al. 2008) – kann somit auch im pädagogischen Rahmen verbessert werden.

Zusammenfassung

Aufgrund der Beziehungserfahrungen in den ersten Lebensjahren entwickeln Kinder unterschiedliche Bindungsmuster. Diese wirken außerhalb des Bewusstseins als innere Arbeitsmodelle und beeinflussen Gefühle und Verhaltensweisen.
Die individuelle Affektregulation wird maßgeblich durch das Bindungssystem bestimmt, gleichzeitig hat die frühe interaktionelle Affektabstimmung mit den Bezugspersonen Auswirkungen auf die Mentalisierungsprozesse des Kindes.
Kinder mit einem unsicheren Bindungsmuster zeigen in der Schule u.a. mehr Verhaltensauffälligkeiten und lernen

schlechter, da sie die Beziehung zur Lehrkraft nicht als „sichere Basis" nutzen können. Eine Beziehungsgestaltung, wie sie im Personzentrierten Ansatz definiert ist, unterstützt die Mentalisierungsprozesse und ermöglicht diesen Kindern und Jugendlichen eine emotional korrigierende Bindungserfahrung zu machen.

Weiterführende Literatur

Gneuß, A. (2007): Die Bedeutung der Bindungstheorie für den schulischen Kontext. Hamburg.

Julius, H. (2002): Beziehungsorientierte Interventionen für verhaltensgestörte Kinder. In: Erziehung und Unterricht 152, 601–617.

Jungmann, T. & Reichenbach, Ch. (2009): Bindungstheorie und pädagogisches Handeln. Ein Praxisleitfaden. Dortmund.

Schleiffer, R. (2009): Konsequenzen unsicherer Bindungsqualität: Verhaltensauffälligkeiten und schulische Leistungen. In: Julius, H./Gasteiger, B./Kißgen, R. (Hrsg.): Bedeutung der Bindungstheorie für die therapeutische und pädagogische Arbeit mit verhaltensgestörten Kindern. Göttingen, 39–63.

2.4 Traumatische Erfahrungen und *Fördern lernen*

Unsicher gebundene Kinder sind manchmal zusätzlich auch traumatisierte Kinder. Das heißt konkret, sie reinszenieren nicht nur ihre gelernten unzuverlässigen Beziehungsmuster, haben Schwierigkeiten in der Affektregulation und können daher schlechter lernen. Traumatisierte Kinder zeigen noch einmal ein ganz anderes Bild: kleinste Frustrationen führen zum „Ausrasten", speziell bei körperlichen Berührungen werden sie wieder *getriggert*, d.h., der auslösende Reiz führt zu einer sofortigen Gegenwehr und sie reinszenieren das fest eingeprägte Täter-Opfer-Schema, so dass sich die Lehrkraft mal als Täterin, wenn sie den Schüler vor lauter Hilflosigkeit wütend anschreit etc., mal als Opfer, wenn sie vom Schüler „fertig gemacht wird", wiederfindet.

Sich wiederholende, anhaltend negative und bedrohliche Lebensumstände (körperliche und emotionale Vernachlässigung, physische und sexuelle Gewalterfahrungen) haben zur Folge, dass die betroffenen Kinder die ihnen zur Verfügung stehenden angeborenen archaischen Überlebensreaktionen wie Übererregung, Bindungssuche, Kampf-, Flucht- und Erstarrungsreaktionen und Unterwerfungsverhalten (Dissoziation, Abschalten, Wahrnehmungsveränderungen) häufig gebrauchen. Dadurch werden ihre Gehirne in ihrer biologischen Struktur nachweislich so verändert, dass dadurch massive Auffälligkeiten und Störungen entstehen (Besser 2009, S. 42). Vorhandene synaptische Verbindungen werden aufgelöst, neue Vernetzungen können nicht gebildet werden (ebd.). *In allen Stresssituationen wird auf diese starr ablaufenden Überlebensreaktionen zurückgegriffen; sie bestimmen die Wahrnehmung, das Denken, Gefühle, Körperreaktionen und das Lern-, Leistungs- und Beziehungsverhalten* (ebd. S. 48).

Kinder erleben Stress, wenn sie vor der Klasse bloßgestellt werden, wenn sie sich ungerecht behandelt fühlen oder ausgegrenzt werden. Traumatisierte Kinder geraten häufig auch in Stress, wenn sie körperlich berührt werden. Manchmal reicht bei diesen Kindern schon ein negativer Blick oder ein leichtes – von der Lehrkraft oder dem Mitschüler überhaupt nicht so gemeintes – Anfassen und ihr automatisiertes „Kampf- oder Fluchtverhalten" läuft ab.

Aber auch wenn neuronal fest verschaltete Muster das Verhalten dieser Kinder bestimmen, so ist es doch möglich, ihnen mit speziellen traumatherapeutischen Methoden psychotherapeutisch zu helfen (Weinberg 2005, 2010; Weinberger 2011b, Hensel & Landolt 2007, Perry & Szalavitz 2008, Döring 2007). Genau so wichtig wie eine diesbezüglich spezifische psychotherapeutische Behandlung ist jedoch auch eine auf das traumatisierte Kind zugeschnittene pädagogische Betreuung oder zumindest das Verständnis von traumabedingten Verhaltensweisen. So zeigt Ding (2009), dass traumatisierte Kinder kaum aus Erfahrungen lernen können, denn aus Angst vor Verletzlichkeit kommt es zur Abwehr, sich mit neuen Themen, Aktivitäten, Tatsachen und Handlungen zu beschäftigen (S. 57). Diese Kinder stellen immer wieder destruktive Beziehungsmuster her, stabilisierende Bindungen werden vermieden, da sie nicht gelernt haben, wie die positiven Gefühle mit den früher erlebten Gefühlen und Situationen zu vereinbaren sind. Nach Weinberg (2005, S. 105) sind folgende Verhaltensweisen typisch für traumatisierte Kinder: u. a. „extreme und schnelle Stimmungsschwankungen, Provokation von körperlichen Strafen, Hyperaktivität, Ungehorsam und Aggressivität, Vermeiden von Ruhepausen, sozialer Rückzug, Leben in heilen Phantasiewelten, Gefühl ständiger Langeweile und Leere". Krüger (2007, S. 93) weist im Zusammenhang mit der Schule besonders auf die Auswirkungen von Übererregung hin, die sich in Konzentrationsstörungen, aggressiven Impulsdurchbrüchen, motorischer Unruhe und Hyperaktivität zeigen und sowohl das Lernverhalten des jeweiligen Schülers massiv beeinträchtigen als auch die Mitschüler stören. Mit Aktionismus, Destruktivität und einem Rückzug in die Phantasiewelt überspielen diese Kinder und Jugendlichen ihre Unsicherheit, sie können kaum Hilfe holen oder sich helfen lassen (Ding ebd., S. 58).

Trotz all dieser negativen Verhaltensmechanismen zeigt die Forschung und Praxis, dass es möglich ist, auch diesen Kindern zu helfen, da das Gehirn die im Kapitel 2.2 beschriebene Neuroplastizität besitzt. Ding (2009, S. 59) betont zu Recht, dass die Bedeutung der Schule auf die Gesamtentwicklung eines Kindes häufig unterschätzt wird und dass sozial-emotionales Lernen genauso zu den professionellen Aufgaben der Schule gehört wie das Lehren kognitiver Fähigkeiten. Traumatisierte Kinder brauchen als erstes einen *sicheren äußeren Ort* (Kühn 2009) als Ausgangspunkt, von dem sich dann in einem langsamen Prozess ein *innerer sicherer Ort* herausbilden kann. Zu diesem sicheren äußeren Ort gehören Menschen, die für die Kinder transparent, einfühlend und zuverlässig sind und mit einer Haltung der unbedingten Wertschätzung dem Kind sein nonverbales und verbales Verhalten spiegeln können. Ding (ebd.) zeigt auf, wie die Schule für traumatisierte Kinder zu einem sicheren Ort werden kann und wie die Beziehung zu einem traumatisierten Kind im Rahmen von Schule aufgebaut werden kann.

Die Realisierung der Merkmale ‚Kongruenz', ‚Unbedingte Wertschätzung' und ‚Empathisches Verstehen' ist auch bei traumatisierten Kindern der Zugang, im Rahmen einer neuen positiven pädagogischen Beziehungserfahrung gewohnte Verhaltensmuster zu verändern und das Reinszenieren destruktiver Beziehungserfahrungen zu stoppen. Dazu gehört jedoch neben Kenntnissen in der Personzentrierten Beratung auch ganz spezielles traumapädagogisches Wissen. Da sich unter den verhaltensauffälligen Schülern häufig traumatisierte Schüler befinden, ermöglicht erst ein entsprechendes Wissen ein tieferes Verstehen dieser Schüler. Erst wenn der jeweilige Schüler in seinem auffälligen Verhalten verstanden wird, wird es gelingen, ihm eine unbedingte Wertschätzung entgegenzubringen und ihm kongruent zu begegnen.

Zusammenfassung

Sich wiederholende, anhaltend negative und bedrohliche Lebensumstände führen bei Kindern zu Traumatisierungen, die die biologische Struktur im sich entwickelnden Gehirn verändern, was sich dann in diversen Verhaltensauffälligkeiten zeigt. Stresssituationen können für sie als auslösende Reize (Trigger) wirken, die gebahnte neuronale Verschaltungen, die dem Überleben dienten, wie Kampf- oder Fluchtverhalten, aktivieren. Neben grundlegenden Kenntnissen über traumatische Verhaltensweisen ist das personzentrierte Konzept geeignet, für diese Kinder und Jugendlichen einen sicheren äußeren Ort zu schaffen, um von dieser Basis aus destruktive Verhaltensmuster zu verändern und sich auf neue Beziehungserfahrungen einlassen zu können.

Weiterführende Literatur

Bausum, J. u. a. (Hrsg.) (2009): Traumapädagogik. Grundlagen, Arbeitsfelder und Methoden für die pädagogische Praxis. Weinheim.

Lackner, R. (2004): Wie Pippa wieder lachen lernte. Fachliche Hilfe für traumatisierte Kinder. Wien.

Perry, B. & Szalavitz, M. (2008): Der Junge, der wie ein Hund gehalten wurde. München.

Weiß, W. (2009): Philipp sucht sein Ich. Zum pädagogischen Umgang mit Traumata in den Erziehungshilfen. Weinheim.

3

Das Personzentrierte Beratungsmodell

„Es ist im Leben sehr selten, dass uns jemand zuhört und wirklich versteht, ohne gleich zu urteilen. Dies ist eine sehr eindringliche Erfahrung."

Carl R. Rogers

3.1 Differenzierungsebenen im personzentrierten Konzept

Rogers formulierte die beschriebenen Merkmale ‚Kongruenz', ‚Unbedingte Wertschätzung' und ‚Empathisches Verstehen' als Einstellungen, als Haltungen, denn er hatte erlebt, wie sehr sein Konzept verzerrt wurde, sobald versucht wurde, einzelne Merkmale als Techniken weiterzugeben.

Die Therapieforschung, wie auch die verschiedenen Anwendungsgebiete des personzentrierten Konzepts, verlangten jedoch eine differenziertere Beschreibung der Merkmale, damit die Grundprinzipien einer hilfreichen Beziehung, spezifiziert nach Aufgabenfeld und Tätigkeitsspektrum, umgesetzt werden können. So sieht die Umsetzung der Grundprinzipien in der Psychotherapie anders aus als im Feld der Sozialen Arbeit oder Pädagogik. Höger (2006) beschreibt daher ein 4-Ebenen Modell, welches Rogers' Konstrukt in verschiedene Abstraktionsebenen unterteilt.

Ebene 1: Die Ebene der allgemeinen Charakterisierung, z. B. die professionelle Beziehung im Unterschied zu anderen Beziehungsformen. Wir haben hier die Beziehung Lehrkraft – Schüler, Lehrkraft – Eltern oder auch Lehrkraft – Lehrkraft bei einer kollegialen Fallberatung.

Ebene 2: Die Ebene übergreifender Merkmale einer Beziehung: z. B. für die professionelle personzentrierte Beziehung die Therapietheorie von Rogers mit den Prinzipien ‚Kongruenz', ‚Unbedingte Wertschätzung' und ‚Empathisches Verstehen'.

Ebene 3: Die Ebene zusammenfassender Klassifikationen spezifischer Verhaltens- bzw. Gesprächsformen: z. B. ‚Konfrontation' als Gesprächsmethode oder Hilfen zur ‚Strukturierung des Gesprächs'.

Ebene 4: Die Ebene konkreter einzelner Verhaltensweisen in bestimmten Situationen, z. B. die Arbeit mit Ressourcen der Schüler im Unterricht.

Abbildung 4 auf der folgenden Seite verdeutlicht die Differenzierungshilfen in der Personzentrierten Beratung.

Diese hierarchisch angeordnete Taxonomie beinhaltet, dass die Verhaltensweisen einer unteren Ebene nicht die Prinzipien der übergeordneten Ebene verletzen dürfen. Es ist aber nicht so, dass sich ein Verhalten der unteren Ebene direkt aus der oberen Ebene ableiten lässt. Das heißt, ein ‚Konfrontieren' kann – je nach Kontext – dem darüber liegenden Prinzip „Kongruenz" oder aber auch dem „Empathischen Verstehen" zugeordnet werden. Auch auf der Ebene 4 bestimmt der jeweilige Kontext, in welche Kategorie der Ebene 3 die einzelne Interventionsform fällt.

Das Personzentrierte Beratungsmodell

Ebene 1	Die grundsätzliche Art der Beziehung	Die professionelle Beziehung in Form der Beziehung: Lehrerin – Schüler/Lehrerin – Eltern/Lehrerin – Lehrerin		
Ebene 2	Die übergreifenden Merkmale des Beziehungsangebots (Prinzipien der Beratungsbeziehung)	Kongruenz/ Authentizität	Unbedingte Wertschätzung	Empathisches Verstehen
Ebene 3	Die zusammenfassenden Klassifikationen von spezifischen Gesprächs- bzw. Verhaltensformen (Methoden der Beratung)	• Beziehungsklären • Selbsteinbringen • Fragen stellen • Konfrontieren • Informieren • Impulse setzen	• Anerkennen • Ermutigen • Solidarisieren	• Paraphrasieren • Aufgreifen des vorherrschenden Gefühls • Konkretisierendes Verstehen • Verdeutlichen des lebensgeschichtlichen Kontextes • Das Gespräch strukturieren
Ebene 4	Konkretes Verhalten in einer bestimmten Situation (Pädagogisches Handeln)	z. B. Reflexion der Eigenwahrnehmung; Umgang mit persönlichen Grenzen; Werte-Neuorientierung; Orientierung an den Grundbedürfnissen; schützenden Kontext initiieren; emotionale Sicherheit schaffen; Kennenlernen der Ressourcen; Bilder entstehen lassen; gemeinsam Ziele formulieren		

Abb. 4: Abstraktionsebenen im Personzentrierten Konzept nach Höger (2006) und Finke (2004), angepasst an die pädagogische Beziehungsebene

In den nachfolgenden Abschnitten werden die personzentrierten Grundprinzipien ‚Kongruenz', ‚Unbedingte Wertschätzung/Akzeptanz' und ‚Empathisches Verstehen' des Beziehungsangebotes (Ebene 2) vorgestellt. Anschließend wird dann jeweils erläutert, wie diese im Beratungsprozess auf der Ebene der Gesprächsmethoden (Ebene 3) aussehen können. Während die Interventionen auf der Ebene 3 in der Gesprächspsychotherapie je nach Krankheitsbild störungsspezifisch eingesetzt werden (Finke 2004), geht es im Kontext von Beratung darum, verschiedene Methoden kennenzulernen, die im Gesprächskontakt im Einzelgespräch variabel eingesetzt werden können. Wir sind uns bewusst, wie schwer es für Lehrkräfte im normalen Schulalltag ist, diese „1:1-Situationen" herzustellen, insofern mögen die Beispiele ab und zu idealtypisch erscheinen. Im praktischen Teil wird dann anhand von Fallbeispielen die konkrete Umsetzung der Beziehungsprinzipien als Verhalten im schulischen Situationskontext vorgestellt, was der Ebene 4 entspricht.

3.2 Kongruenz (Authentizität)

Definition: Kongruenz bedeutet, dass die Beraterin sich dessen, was sie erlebt oder empfindet, deutlich gewahr wird, dass ihr diese Empfindungen verfügbar sind und sie dieses Erleben in den Kontakt mit der Klientin einbringt, „wenn es angemessen ist" (Rogers 1997, S. 31).

Für Rogers war Kongruenz, heute auch oft Authentizität genannt, die grundlegendste unter den Einstellungen, die sich positiv auf eine Beratung auswirken. Für ihn war jede Beratungssituation eine Begegnung von Person zu Person, in der es entscheidend ist, keine „Rolle" zu spielen, sondern wirklich als Person präsent zu sein.

Dies ist nur möglich, wenn Sie sich als Person auch spüren, d. h. wenn Sie offen für Ihr eigenes Erleben sind.

Schulz von Thun (2010, S. 124) weist zu recht darauf hin, dass Authentizität Bedingungen braucht: in mir selber und in der Institution. Die Lehrkraft braucht seiner Meinung nach ein Minimum an Selbstwertgefühl und größtmögliche Angstfreiheit in der Institution. Die Forderung, kongruent bzw. authentisch zu sein, stellt daher eine anzustrebende Zielvorstellung dar, die größtmöglich zu verwirklichen ist.

Kongruent sein bedeutet nicht alles, was Ihnen im Moment durch den Kopf geht, immer sofort zu äußern, deswegen die Formulierung: wenn es angemessen ist. Aber Sie sollten die Gefühle, die in dem Kontakt immer wieder auftauchen, akzeptieren und auch äußern und der

Versuchung widerstehen, sich hinter einer professionellen Maske zu verstecken (Rogers 1997, S. 32).

Der Schüler will niemanden, der ihm sagt, was er wie zu tun hat, das hat er schon oft genug gehört. Aber er ist auf der Suche nach Beziehung, nach Beziehung mit Gleichaltrigen, nach einer Beziehung zu seinen Idolen und nach einer Beziehung zu Erwachsenen, die neu, die anders ist als die bisherigen Beziehungserfahrungen. Das von Rogers formulierte „reale Zugegensein" der Lehrkraft ist die Chance dafür, dass der Schüler sich überhaupt auf einen wirklichen Kontakt einlassen kann.

Auf der Ebene der Gesprächsmethoden lässt sich das Beziehungsprinzip ‚Kongruenz' durch die folgenden Merkmale näher beschreiben.

Selbsteinbringen/Sich öffnen (Finke 2004)

Seien Sie als Lehrkraft transparent für den Schüler, verwenden Sie Ich-Botschaften, weichen Sie Fragen nicht aus und geben Sie Fehler zu. Zeigen Sie sich, wenn danach gefragt wird, auch mit Ihrer Lebensgeschichte und drücken Sie auch Ärger aus. Gerade das kann im Rahmen eines Beziehungsklärens – das noch genauer vorgestellt wird – oder als „Grenze austesten" von großer Bedeutung sein.

Bei der Formulierung von Ich-Botschaften ist darauf zu achten, dass es nicht darum geht, mit dem Schüler etwas zu *machen*, ihn mit dieser „neuen Formulierung" zu einer Verhaltensänderung zu bewegen, sondern sich dem Schüler mit seinen Gefühlen zu zeigen, um eine *neue Beziehung* mit dem Schüler einzugehen (s. hierzu das Fallbeispiel unter Punkt 4.1).

Das Selbsteinbringen bezieht sich nicht nur auf die Gefühle und darauf, wie der Schüler im Moment erlebt wird, sondern auch darauf, wie ein Verhalten des Schülers eingeschätzt wird. Dabei ist jedoch große Vorsicht geboten, dass diese ausgedrückte Empfindung, speziell wenn sie negativ ist, nicht als Bewertung der Person wahrgenommen wird. Erst wenn das Beziehungsverhältnis gefestigt ist und der Schüler sich als Person angenommen fühlt, d. h. die unbedingte Wertschätzung zumindest in Ansätzen wahrnehmen kann, dann kann er dieses Selbsteinbringen richtig einordnen, ohne sich als Person abgelehnt zu fühlen. Wie bereits erwähnt, betonte Rogers bei der Beschreibung des Merkmals ‚Kongruenz', dass es nicht darum geht, alles zu äußern, was einem gerade in den Sinn kommt. So gehören auch Äußerungen wie „Ich bin überfordert mit Dir" oder „Ich habe Angst vor Dir" in die *Selbstreflexion*, da sie den Schüler verunsichern. Das Kriterium für ein Selbsteinbringen ist daher immer: Ist es für den Schüler im Moment hilfreich?

Beispiele für Selbsteinbringen

Sich freuen, wenn dem Schüler etwas gelingt:
- *Es freut mich, dass du den Stoff so schnell nachholen kannst.*
- *Da hast du mal gezeigt, was alles in dir steckt.*

Überraschung über Verhaltensweisen, Gefühle zeigen:
- *Das erstaunt mich, dass du da gleich losgeschlagen hast.*
- *Da wäre ich aber ganz schön sauer gewesen.*

Schüler, die im Elternhaus häufig abgewertet werden, können ihre Stärken oft nicht mehr spüren. Diese können direkt angesprochen werden:
- *Ich sehe dich als jemand, der sehr viele Stärken hat, z. B. die Art und Weise, wie du mit Kevin umgehst. Du spürst genau, wann er Hilfe braucht.*
- *Mir ist aufgefallen, dass du sehr gut reden kannst.*

Emotionale Rückmeldung geben:
- *Ich bin erstaunt, wie du das erzählst, so als hätte dir das gar nichts ausgemacht.*
- *Ich bin direkt etwas beleidigt, dass du mich für so dumm gehalten hast, zu denken, ich würde das nicht merken.*

Skepsis zeigen:
- *Die Idee finde ich super, sie ist aber sicher nicht so leicht umzusetzen: Wie willst du es genau machen?*
- *Mhm, hast du dir schon überlegt, wer dir eventuell dabei helfen könnte?*

Grenzen der Selbsteinbringung beziehen sich auf den persönlichen Bereich. Wichtig ist zu wissen, dass es sich immer um eine professionelle Beziehung handelt (Ebene 1) und der private Bereich geschützt werden darf und muss.

Beziehungsklären (Finke 2004)

Eine zentrale Frage bei jedem intensiveren Kontakt ist, welche Beziehungserwartungen und Beziehungsbedürfnisse von dem Schüler an mich als Lehrkraft herangetragen werden.

Die Beziehung Lehrkraft – Schüler geschieht nicht im „luftleeren Raum", der Schüler bringt immer Beziehungserwartungen und verinnerlichte Beziehungserfahrungen in die Begegnung mit hinein. Dieses im psychotherapeutischen Kontext ‚Übertragung' genannte Phänomen findet – wenn auch in abgeschwächter Form – genauso in jeder anderen intensiveren professionellen Beziehung statt. Da die verinnerlichten Beziehungsmuster in der Regel nicht bewusst zugänglich sind, ist es wichtig, beim Beziehungsklären sehr behutsam und geduldig vorzugehen. Es muss klar sein, dass neue Beziehungserfahrungen viel Zeit und Geduld erfordern und der Schüler immer wieder testen wird, ob das Verhalten auch wirklich „echt" ist.

Das Beziehungsklären ist jedoch für den Schüler die Chance, verfestigte Wahrnehmungsstrukturen und Beziehungsschablonen aufzubrechen und im *Hier und Jetzt der Begegnung* zu lernen, wie ein anderer in der Beziehung zu ihm als Mensch denkt und fühlt.

Beispiel (Auszug aus einem Gespräch)

Lehrerin: Du denkst, da müsste ich jetzt ärgerlich auf Dich sein.
Schüler: Ja klar, da wäre ja jeder sauer.
Lehrerin: Mhm, ich versuche zu verstehen, warum du da wieder so ausgeflippt bist ...
Schüler: Ich war stinksauer.
Lehrerin: Ja, o. k., aber da muss doch vorher schon was passiert sein. Du flippst doch nicht immer gleich aus, wenn dich jemand ärgert.
Schüler: Mhm, am Morgen hat mir Lukas gesagt, dass Miriam sich heute mit Robert trifft. Das hat mich irgendwie angeätzt und als dann Patrick mir das Heft wegriss, da habe ich dann draufgehauen.
Lehrerin: Der hat dann einfach Deine Wut über die Sache mit Miriam und Robert abbekommen. Das Heft wegzunehmen, das war eigentlich gar nicht so schlimm.

Schüler (mit deutlich veränderter Mimik): Das stimmt schon, ist blöd gelaufen.
Lehrerin: Es ist so schwierig, Wut rechtzeitig zu spüren. Das kenne ich auch. Dass du jetzt gemerkt hast, dass es eigentlich die Wut auf Robert und Miriam war, die Patrick abbekommen hat, das finde ich stark.

Ein Wunsch nach Beziehungsklären kann auch indirekt ausgedrückt werden, wenn der Schüler z. B. einen verabredeten Termin nicht einhält oder öfter zu spät kommt.

Beispiel

Lehrkraft: Letztes Mal musste ich dich auf dem ganzen Schulgelände suchen. Was war los?
Schüler: Keine Ahnung.
Lehrkraft: O. k. Das sieht für mich so aus, als wenn die Gespräche nur noch eine Pflichtveranstaltung für Dich sind. Ist das so?

Nicht nur aus den Worten, sondern aus dem ganzen Beratungsprozess, aus Haltung und Blickkontakt lässt sich ablesen, ob der Schüler einfach unorganisiert ist oder ob er gar keine Lust hat bzw. die Gespräche als „Zeitverschwendung" ansieht. Dann muss genau das angesprochen werden und eine individuelle Regelung gefunden werden.

Fragen stellen

Fragen dienen dazu, Ihr Interesse an dem jeweiligen Schüler deutlich zu machen, sie helfen, den Schüler besser zu verstehen und sie können zu neuen Einsichten führen. Wichtig ist, dass der Schüler *nicht* das Gefühl bekommt, ausgefragt zu werden.
   Neben den reinen Verständnis- und Informationsfragen kann z. B. ein *Perspektivenwechsel* angeregt werden, der den Blick erweitert und innere Suchprozesse auslöst. Dies geschieht durch Fragen im Konjunktiv (Was wäre wenn …), die *Zukunfts- oder Möglichkeitsräume* erschließen oder durch die *Suche nach einer Ausnahme*, wie dies auch in der

Lösungsorientierten Beratung geschieht (Bamberger 2005, Berkling 2010). Weitere Möglichkeiten, einen Perspektivenwechsel anzuregen, finden sich beim Prinzip des Empathischen Verstehens.

Beispiele

- Suche nach einer Ausnahme:
  Karin, die alle Mitschüler blöd findet und deshalb nicht mehr in die Schule gehen will, wird gefragt: „Sind wirklich alle so blöd? Neulich habe ich Dich mit Susanne gesehen, da habt ihr so gelacht."
  oder
  „Gibt es auch etwas, was vielleicht manchmal ganz o. k. ist?
- Zukunfts- oder Möglichkeitsräume erschließen:
  „Was würdest Du machen, wenn die Schule für einige Monate geschlossen wäre?"
  „Wenn Du bestimmen könntest, wie ‚Schule' so ist, was würdest Du ändern, was würdest Du so lassen?"

Bei der aus der Verhaltenstherapie (Wolpe 1977) und dem Lösungsorientierten Ansatz (Berkling 2010, Insoo Kim Berg 1995, de Shazer 1989) stammenden *„Skalierungsfrage"* wird der Schüler aufgefordert, sein Befinden in einer bestimmten Situation, an einem Tag oder im Verlauf einer Woche auf einer Skala von 0–10 einzuschätzen, wobei 0: „gleich Null" und 10: „ideal" kennzeichnet. Diese Skalierung hilft dem Schüler, genauer wahrzunehmen, auch kleine Fortschritte zu sehen und damit weg von einem „Schwarz-Weiß-Denken" zu kommen. Darüber hinaus betont dieses Vorgehen, dass auch jeder noch so kleine Minischritt zählt, wenn der Schüler z. B. von 3 zur 3,5 gekommen ist. Kleineren Kindern kann man ein Zentimetermaß mit Zahlen von 0 bis 10 aufmalen, damit es für sie anschaulicher ist.

Vermeiden Sie „Warum-Fragen", Sie werden dann gar keine Antwort oder häufig ein „Weiß ich nicht" als Antwort erhalten, denn das „Warum" wird der Vielschichtigkeit der meisten Motive nicht gerecht. Diese Frageform, die sich an den Verstand richtet, berücksichtigt nicht, dass es sehr oft um emotional nicht gleich greifbare, d. h. spürbare und benennbare Gründe geht, die jemanden dazu verleiten, dies oder jenes zu tun.

Dadurch, dass Sie das Erleben außer Acht lassen, schaffen sie auch immer eine Distanz zwischen Ihnen und dem Schüler.

Konfrontieren

Der Schüler wird mit Widersprüchen zwischen Selbstbild (wie er sich selbst sieht) und Fremdbild (wie er von anderen gesehen wird), mit Widersprüchen zwischen Wunsch und Realität und zwischen unterschiedlichen Bestrebungen konfrontiert. Auch hier gilt, wie beim Selbsteinbringen, dass Zeitpunkt und Dosierung richtig gewählt sein müssen, damit sich der Schüler nicht zurückgewiesen fühlt oder sogar das Gefühl hat, jetzt zeigt sie (die Lehrerin) ihr wahres Gesicht: Sie will doch auch nur an mir rummäkeln. In der Anfangsphase sollten daher Fragen, die eine offene positive Neugierde ausdrücken und Ihr Interesse zeigen, deutlichen Vorrang vor dem Konfrontieren haben.

Fröhlich-Gildhoff (2006 c), der sich speziell mit dem Personzentrierten Ansatz in der Arbeit mit aggressiven Kindern und Jugendlichen auseinandergesetzt hat (vgl. auch 2006a, 2006b), betont die Wichtigkeit der Konfrontation bei aggressiven Jugendlichen als wichtigen „Anstoß" zur notwendigen Selbstveränderung.

Beispiele

- *Ein Schüler, der sich in der Schule gar nicht anstrengt, wird darauf angesprochen, dass er seit Jahren mit großem Engagement und offensichtlich viel Anstrengung im Verein Basketball spielt.*
- *Eine Schülerin, die zu anderen verbal sehr verletzend ist und immer „die Coole" herauskehrt, wird im Pausenhof beobachtet, wie sie sich ganz fürsorglich um eine jüngere Schülerin kümmert, die beim Rennen hingefallen ist und sich weh getan hat.*
- *Ein Schüler, der bei Gemeinschaftsaufgaben nicht mitmacht, wird darauf hingewiesen, dass er, wenn er bei diesem Verhalten bleibt, auch nicht an der geplanten Klassenreise teilnehmen kann. Gleichzeitig wird versucht zu erkunden, warum er sich in diesen Situationen so ausschließt.*

Informieren

Natürlich kann es wichtig sein, dem Schüler Informationen zu geben, wenn Sie bemerken, dass er nicht richtig oder nicht vollständig über etwas informiert ist. Dies gehört zur Kongruenz dazu.

Impulsesetzen/Konkrete Hilfe anbieten

Hier ist Ihr Fachwissen und Ihre Lebenserfahrung gefragt, um dem Schüler weiterzuhelfen. Es können im Sinne eines gemeinsamen Brainstormings Ideen und Vorschläge gesammelt werden, die dem Schüler weiterhelfen könnten. Bei allen Vorschlägen ist darauf zu achten, dass dem Schüler nichts übergestülpt wird, sondern mit einer Kientenzentrierten bzw. Personzentrierten Gesprächsführung (Weinberger 2011a) immer wieder nachgespürt wird, wie dies oder jenes für den Schüler ist, ob er sich das vorstellen kann, ob er es ausprobieren will bzw. was da so für ein „Ja, aber ..." auftaucht. Nur wenn dieses „Ja, aber ..." entsprechend wahrgenommen und gewürdigt wird, wird der Schüler die Ideen umsetzen können.

Entscheidend für das „Impulse setzen" ist das Mobilisieren von Ressourcen, die der Schüler mitbringt. Dies wird im Kapitel 4 näher ausgeführt.

Beispiel

Johannes: Am Montag hatte ich so gar keine Lust mehr, wäre am liebsten abgehauen. Der (Name eines Lehrers) nervt so fürchterlich. Da werde ich doch nie besser.
Lehrerin: Du bist aber da geblieben. Wie hast du es gemacht, dass du das ausgehalten hast?
Johannes: Ich habe an mein Fußballtraining gedacht.
Lehrerin: Du hast an was Schönes gedacht und hast dann gemerkt, dass das andere sich aushalten lässt. Da hast du etwas ganz Wichtiges entdeckt, nämlich wie du selbst deine Gefühle verändern kannst. Wo könntest du das denn noch mal ausprobieren?

Zum Impulsesetzen gehört, je nach Alter und Reflexionsgrad des Schülers, z. B. auch
- dem Schüler Literatur- oder Filmvorschläge zu machen, in denen er sich wiederfinden kann,
- eine Gruppenaktivität vorzuschlagen, für die er sich eignet (Theater-, Foto-, Film-, Sport-, Hip-Hop-, Naturerlebnisgruppen, Pfadfinder etc.).

Schwierigkeiten bei der Verwirklichung

Kongruenz ist kein statisches Konstrukt, sondern ein fortlaufendes Bemühen um Wahrnehmung, Offenheit und Klärung der Gefühle, die der Schüler in Ihnen auslöst. Dabei spielt Ihre *eigene Geschichte* als Kind/Jugendlicher eine Rolle, die momentane Situation, in der Sie leben, und der institutionelle Rahmen, in dem Sie arbeiten. Obwohl der Schüler neue Beziehungserfahrungen sucht, wird er aus seiner Geschichte heraus Beziehungsmuster inszenieren, die ihm vertraut sind (s. Kapitel 2.3). Die Offenheit Ihrem eigenen Erleben gegenüber, d. h. Ihre eigene Kongruenz hilft dabei zu erkennen, wann und in welcher Form Sie in diese Reinszenierungen gedrängt werden. Wichtig ist daher, Unstimmigkeiten bei sich selber wahr und ernst zu nehmen.

Singer (1996), der viele Beispiele anführt, wie sich Echtheit/Kongruenz im Unterricht und gerade auch bei Lehrer-Schüler-Konflikten verwirklichen lässt, schreibt: „Manche wagen den Schritt von der Lehrer-Rolle zum Person-Sein nicht. Sie befürchten, sich auszuliefern, wenn sie sich persönlich zu erkennen geben. Indem sie sich dann als Person zurücknehmen, wird die Beziehung erschwert – und das verschärft die Konflikte. Es ist eine verbreitete Störbedingung in der pädagogischen Beziehung, dass Lehrer meinen, sie müssten sich verleugnen, um ihre Rolle zu erfüllen. Dadurch erleben sie nicht, wie sie *„durch das Glück, sie selbst zu werden, auch den Kindern besser helfen können"* (ebd. S. 18).

Reflexionen für die Lehrkraft

- In welchem Rahmen/Kontext bin ich kongruent/authentisch?
- Wie kongruent bin ich in der Schule, in der Klasse, in Begegnungen mit Schülern?
- Was brauche ich für Bedingungen, um authentisch zu sein?
- An wen kann ich mich wenden, wenn ich diesbezüglich Klärungshilfe brauche?

3.3 Unbedingte Wertschätzung

Definition: Unbedingte Wertschätzung bedeutet, „eine Person zu schätzen, ungeachtet der verschiedenen Bewertungen, die man selbst ihren verschiedenen Verhaltensweisen gegenüber hat" (Rogers 1959, S. 35).

Bei der ‚Unbedingten Wertschätzung', auch ‚Bedingungsfreie Positive Beachtung' genannt, geht es darum, den Schüler zu akzeptieren, unabhängig davon, wie er sich verhält, wie er sich kleidet oder von welchen Verhaltensweisen er erzählt. Das heißt nicht, dass alles gebilligt wird, was der Schüler macht. Entscheidend ist die innere Einstellung, dass diese persönliche Bewertung der Verhaltensweise nichts an dem *Wert der Person* des Schülers ändert. Das Kind, der Jugendliche wird so angenommen, wie er ist. Das bis jetzt so „Geworden-sein" gehört zu ihm. Diese Anerkennung der ganzen Person, auch mit ihren – teils gravierenden – Schattenseiten führt dazu, dass der Schüler sich nicht mehr verteidigen muss, was ansonsten automatisch geschieht. Nimmt er diese Haltung – zumindest in Ansätzen – wahr, kann er sich in der gemeinsamen Interaktion Unstimmigkeiten anschauen und sich im Prozess des Sich-Besser-Verstehens schrittweise ändern.

Mit anderen Worten: Es löst Angst aus, sich seiner Angst, Feigheit oder Traurigkeit bewusst zu werden. Die ablehnende Haltung der Bezugspersonen ist im Laufe der Entwicklung zur Ablehnung sich selber gegenüber geworden: „Ich mag mich nur unter bestimmten Bedingungen" oder „So habe ich zu sein und so nicht". Hier knüpft die unbedingte Wertschätzung an, die *das Erleben* des Schülers in all seinen Facetten *bedingungslos* annimmt. Diese unbedingte Wertschätzung – in Verbindung mit dem empathischen Verstehen und der Kongruenz – erlaubt es dem Schüler, sich selber mehr und mehr mit seinem Erleben genauso bedingungslos anzunehmen. Das Selbstkonzept des Schülers wird so schrittweise reorganisiert, bis er immer mehr Gefühle und Erfahrungen in sein Selbstkonzept integrieren kann, d. h. als *„zu sich gehörig"* erleben kann.

Diese Haltung der unbedingten Wertschätzung fordert ein inneres Ausrichten auf die gesunden Persönlichkeitsanteile eines jeden Menschen. Diese innere Einstellung wird durch einen Ausspruch aus der Psychosynthese: „Wirken auf das, was noch nicht ist" (Pfluger-Heist

2006) auf den Punkt gebracht. Ähnlich steht im „Kleinen Prinzen" von Antoine de Saint-Exupery: „Ich muss wohl zwei oder drei Raupen aushalten, wenn ich die Schmetterlinge kennen lernen will."

Gerade Letzteres mag vor dem Impuls bewahren, gleich etwas tun zu wollen bzw. „dem Wunsch zu verfallen, herbeizustürzen und die Dinge in Ordnung zu bringen", wie es Rogers formulierte (Rogers 1972a, S. 37).

Durch diese unbedingte, nicht an Bedingungen gebundene Zuwendung kann sich für den Schüler ein Raum von Freiheit und Unmittelbarkeit in der Begegnung öffnen. Die Entwicklung in Richtung auf eine autonome Persönlichkeit, die ihr Erleben nicht von den Bewertungen anderer abhängig macht, kann nur erfolgen, wenn der Schüler in diesem Veränderungsprozess seinen eigenen Weg gehen, also selbstbestimmt handeln kann, und wenn er auf diesem Weg von einer bedeutsamen Bezugsperson (z. B. einer Lehrerin oder einem Lehrer) uneingeschränkt akzeptiert wird. Indem der Schüler in seiner Person von Ihnen uneingeschränkt akzeptiert wird, kann er zu einer größeren Selbstakzeptanz kommen. Durch diese spürbare Akzeptanz kann er sich den bisher nicht ins Selbstkonzept integrierten Anteilen zuwenden, diese immer vollständiger symbolisieren und damit die entstandenen Inkongruenzen aufheben.

Dies ist natürlich ein langsamer Prozess, der viel Geduld erfordert. Gerade verhaltensauffällige Schüler haben gelernt, Erwachsenen eher nicht zu trauen und hinter dem angenommenen Verhalten eine versteckte Absicht „Die wollen doch nur, dass ich …" zu vermuten. Erst wenn der Schüler Ihre Kongruenz wahr- und annehmen kann, wird er auch in der Lage sein, schrittweise die unbedingte Wertschätzung anzunehmen.

Die unbedingte Wertschätzung wird in der Haltung, in der Sie dem Schüler gegenübertreten, ausgedrückt. Diese Haltung zeigt sich in Ihren Worten, im Tonfall, Mimik, Gestik und in der Art und Weise des Zuhörens.

Auf der Ebene der Gesprächsmethoden lassen sich drei Merkmale beschreiben:
- Anerkennen
- Ermutigen
- Solidarisieren.

Überschneidungen mit dem Prinzip ‚Kongruenz' lassen sich dabei nicht vermeiden, denn alle drei Beratungsprinzipien werden in der Begegnung realisiert, wenn auch je nach Situation immer das eine oder andere Prinzip in den Vordergrund gerät.

Anerkennen

Sie sprechen kleinste Schritte an, die der Schüler in Richtung größerer Selbstbestimmung unternimmt.
- *Du bist heute ganz pünktlich gekommen, hast dich genau an die Abmachung gehalten.*
- *Ich habe gesehen, wie du dich auf der Klassenfahrt sehr bemüht hast, mit den anderen in Kontakt zu kommen, das fand ich so toll.*

Ermutigen

‚Ermutigen' ist quasi das Gegenteil von ‚Abwerten'. Schüler werden sehr häufig abgewertet, es wird auf das geschaut und das benannt, was sie nicht können, was sie falsch gemacht haben, was sie vergessen haben, statt auf das, was sie im Positiven versucht haben. Dieses bereits erwähnte „Wirken auf das, was noch nicht ist", verlangt von Ihnen, kleinste Schritte in Richtung einer positiven Veränderung wahrzunehmen und aufzugreifen und *jedem Bemühen* Ihre Aufmerksamkeit zu geben.

Das Ermutigen ist eine konkrete Haltung, das Blickfeld zu erweitern, wenn die Schüler entwicklungsbedingt nur schwarz und weiß sehen (was typisch für die Pubertät ist). Dabei ist es z. B. eine Hilfe, auf die von Shazer (1992) beschriebenen ‚Ausnahmen' zu achten. Damit ist gemeint, dass Sie alles aufgreifen, was vom gewöhnlichen Muster oder Verhalten abweicht.

Beispiel (im Einzelgespräch)

Melissa: Ich habe es nicht geschafft, mich an die Hausaufgaben zu machen. Ich konnte mich einfach nicht aufraffen. Am Abend war ich dann immer so unzufrieden und habe mich über mich geärgert.

Lehrerin: Und das war die ganze Woche so?
Melissa: Nein, einmal habe ich die Hausaufgaben gemacht.
Lehrerin: Einmal ist es dir gelungen, da konntest du dich aufraffen. Jetzt weißt du also, dass es geht! Vielleicht gelingt es dir nächste Woche zweimal. Ich merke, dass es dir wirklich wichtig ist und damit hast du den inneren „Schalter" schon fast umgelegt.

Dieses Beispiel verdeutlicht auch, wie wichtig es ist, bei jeder angestrebten Veränderung kleinste Schritte wahrzunehmen und zu verstärken.

Solidarisieren

Manchmal ist es notwendig, dass Sie direkt Partei für den Jugendlichen ergreifen, im Rahmen der Schule oder im Elterngespräch.

Beispiel

Eine Schülerin vertraut der Lehrerin im Gespräch an, dass ihre Mutter ihr einfach zu wenig zutraut. Daraufhin führt die Lehrerin im Beisein der Schülerin ein Gespräch mit der Mutter, in dem sie ihr – auf der Basis einer Klientenzentrierten bzw. Personzentrierten Gesprächsführung – aufzeigt, wie sie die Schülerin sieht, was sie ihr zutraut. Mit der Mutter erkundet sie dann, inwieweit diese auch der Tochter mehr zutrauen könnte.

Zum Solidarisieren würde auch gehören, dem Schüler anzubieten, ihn bei einem Gesprächstermin mit einem Kollegen zu begleiten, mit zum Rektor zu gehen etc. Weitere Beispiele finden sich im Kapitel 4.3.

Schwierigkeiten bei der Verwirklichung

Schüler, die aufgrund ihrer Lebensgeschichte die Welt als feindlich betrachten, werden Ihre Art und Weise der Beziehungsgestaltung vielleicht für eine „Masche", „einen Trick" halten. Dies drückt der Schüler entweder direkt aus („Diese scheißfreundliche Masche zieht bei mir nicht!") oder indirekt durch minimale nonverbale Signale der Geringschätzung. In beiden Fällen müssen Sie das, was Sie wahrnehmen, sofort ansprechen. Nur Ihre Kongruenz, Ihre Authentizität kann den Schüler überzeugen, dass Sie es „echt" meinen.

Wichtig ist immer, dass Sie die feindselige Haltung nicht als Kränkung erleben, als gegen sich und Ihre Bemühungen gerichtet, sondern als Ergebnis seiner „Welterfahrung", d. h. der Bewertungsbedingungen, unter denen er aufgewachsen ist, seiner Beziehungserfahrungen, seiner unvollständigen Mentalisierung und als Ausdruck von Angst. Angst, sich auf etwas Neues, Unbekanntes einzulassen, und Angst, (wieder einmal) enttäuscht zu werden (s. Kapitel 2.2 und 2.4).

Auch bei der Realisierung dieses Beratungsprinzips brauchen Sie genügend eigene Selbsterfahrung, damit Sie wissen, inwieweit Sie sich mit Fehlern oder Schattenseiten annehmen können. Solange Sie selbst zu sehr unter einem Diktat eines „Ich sollte, ich müsste …" stehen und immer wieder sehr unzufrieden mit sich sind, wird es Ihnen schwer fallen, Schüler mit ihren Fehlern und Schattenseiten wirklich anzunehmen und das Wertvolle in Ihnen zu sehen.

Wichtig ist, dass Sie deutlich machen, dass Sie das Verhalten nicht in Ordnung finden, dass Sie auch Ihre Besorgnis oder Angst (s. ‚Kongruenz') ausdrücken, dem Schüler aber gleichzeitig deutlich vermitteln, dass dies nichts an dem Wert seiner Person ändert. Sie müssen dabei berücksichtigen, dass der Schüler sich immer nur in kleinen Schritten auf diese neue Erfahrung wird einlassen können und auch nur, wenn er Sie durchgehend als „stimmig" erlebt. Der Film „Friedensschlag" (2010) zeigt beeindruckend, wie jungen Straftätern mit dieser wertschätzenden Haltung begegnet wird, ohne ihre Taten zu beschönigen oder mit ihnen einen „Kuschelkurs" zu fahren.

Reflexionen für Lehrkräfte

- Inwieweit und von welchen Personen wurde ich in meiner Lebensgeschichte anerkannt – inwieweit und von wem eher abgewertet?
- Inwieweit neige ich heute dazu, andere Personen abzuwerten?
- Bei welchen Schülern fällt es mir sehr schwer, das Positive zu sehen? Warum?

3.4 Empathisches Verstehen

Definition: Empathisches Verstehen bedeutet, „den inneren Bezugsrahmen des anderen möglichst exakt wahrzunehmen, mit all seinen emotionalen Komponenten und Bedeutungen, gerade so, als ob man die andere Person wäre, jedoch ohne jemals die ‚als ob'-Position aufzugeben" (Rogers 1959, S. 37).

Mit Hilfe des empathischen Verstehens wird versucht, die subjektive Wahrnehmungswelt, d. h. *so wie sie der andere als wahr empfindet*, zu erfassen. Das momentane Erleben des Schülers wird einfühlsam verstanden und in Worte gefasst. Gordon (1995, 1996), ein Schüler Rogers, hat das empathische Verstehen unter dem Begriff „Aktives Zuhören" bekannt gemacht. Das empathische Verstehen wurde auf diese Weise jedoch allzu oft auf eine Technik reduziert (Groddeck 2002).

Das empathische Verstehen bezieht sich dabei nicht nur auf die Handlungen und Gefühle, die der Schüler explizit nennt, sondern auch auf die Gefühle, die *am Rande der Gewahrwerdung* (Rogers 1997, S. 24) auftauchen. Damit sind Empfindungen gemeint, die der Schüler spürt, die er vielleicht andeutet, die er aber noch nicht in Worte fassen kann. Zumeist sind diese Gefühle aus der nicht-verbalen Kommunikation ablesbar: aus Stimme, Mimik, Gestik und Körperhaltung. Von Rogers gibt es ein aufgezeichnetes Gespräch (GwG 2007), in dem er den Klienten (einen jungen Mann, der nur noch eine begrenzte Lebenszeit hat) fragt: „Wenn Sie weinen könnten, um was würden Sie weinen?" Damit spricht Rogers ein *am Rande der Gewahrwerdung* auftauchendes Gefühl an.

Wie bereits im Kapitel 2.3 kurz skizziert, führen Störungen der Affektabstimmung in den ersten Lebensjahren und/oder auch traumatische Erfahrungen (s. Kapitel 2.4) dazu, dass Mentalisierungsprozesse nicht richtig ablaufen können. Die Kinder können ihre Gefühle nicht richtig wahrnehmen, nicht einordnen (organismische Bewertung) und auch nicht regulieren. Ihre *Selbst-Wahrnehmung* ist gestört (Jürgens-Jahnert 2011). Indem das aufgegriffen wird, was der Schüler im Gespräch mitteilt, versuchen Sie zu begreifen, welche *Bedeutung* das Gesagte für den Schüler hat, wie *er* das Mitgeteilte *bewertet*. Es gilt, das Gesagte vor den Schüler „gewissermaßen hinzustellen, damit er diese

Bedeutungsgestalt von allen Seiten betrachten und sein Erleben darin spiegeln kann" (Finke 2004, S. 35). In einem kontinuierlichen Prozess – je nachdem, wie viele Kontakte stattfinden – können so in kleinen Schritten Mentalisierungsprozesse (s. Kapitel 2.3) nachgeholt und eine reflektierende *Selbst-Erfahrung* aufgebaut werden. Das empathische Verstehen der Lehrkraft ermöglicht es dem Schüler, sich auch unangenehmem Erleben zuzuwenden und damit kongruenter zu werden.

Nur wenn Sie sich richtig in den Schüler einfühlen können, können Sie ihn auch bedingungsfrei akzeptieren. Wenn es gelingt, sich in einen Schüler einzufühlen, in dem Moment, in dem er aus einem unendlichen Bedürfnis nach Macht und Größe einen ihm Unterlegenen zusammengeschlagen hat, dann kann man ihn als Person mit seinem Erleben annehmen, auch wenn das Verhalten per se nicht akzeptiert werden kann. Ähnlich ist es, wenn ein Schüler bei einer Berührung gleich um sich schlägt, weil ihn diese körperliche Berührung „triggert", wie das im Kapitel 2.4. näher erläutert wurde. Mit diesem Wissen im Hintergrund können Sie versuchen, den Schüler empathisch zu verstehen und ihn damit auch nicht abzulehnen.

Empathisches Verstehen kann auf verschiedene Art und Weise kommuniziert werden: durch Worte – nicht als Feststellung, sondern *immer leicht fragend formuliert* –, aber auch durch Schweigen. Immer geht es darum zu spüren, was *den Betreffenden im Moment bewegt und welche Bedeutung er dem gibt*. So entsteht ein fortlaufender *gemeinsamer Suchprozess*.

Auf der Ebene der Gesprächsmethoden lassen sich verschiedene Interventionen ausdifferenzieren. Diese sind wie Türen in die innere Welt, in den inneren Bezugrahmen des Schülers – ohne dass es jedoch ein Manual gibt, das Ihnen sagt, wann welche Tür zu öffnen ist.

Einfühlendes Wiederholen (Paraphrasieren)

Beim einfühlenden Wiederholen greifen Sie das auf, was Sie vom Gesagten verstanden haben. Es vermittelt dem Schüler, dass Sie ihm aufmerksam zuhören und genau zu erfassen versuchen, was er sagt, so dass er sich verstanden fühlt. Wie im Kapitel über ‚Kommunikation und Fördern lernen' dargestellt, hat jede Aussage, die eine Person macht, verschiedene Bedeutungsebenen, je nachdem, was der Empfänger mit der jeweiligen Sache verbindet (s. Bsp. „Hund"), und auch je nachdem, mit welchem „Ohr" er die Aussage hört (Kap. 2.1). Mit dem Paraphrasieren prüfen Sie, ob Sie den Schüler mit dem, was für ihn gerade im Vordergrund steht, richtig verstanden haben. Dieser kann dann – ohne abgelenkt zu werden – den für ihn wichtigen Bedeutungsgehalt weiter entwickeln und weiter präzisieren (s. Selbstexploration, Kap. 1.3).

Im Folgenden einige Beispiele von Lehrer-Schüler-Gesprächen und ein Beispiel aus einem Elterngespräch. Auf die Aussagen des Schülers bzw. der Mutter folgen jeweils mehrere Erwiderungen, um deutlich zu machen, dass es nicht eine richtige Entgegnung gibt, sondern jeweils ein anderer Aspekt aufgegriffen wird. Die Äußerungen der Lehrkraft sind mit einem Fragezeichen versehen, da es ja immer nur ein *Versuch* ist, das in der Schüleräußerung Gehörte in seinem Bedeutungsgehalt inhaltlich richtig wiederzugeben.

Beispiel 1

Schüler: Ich habe genug von dem Gelabere der anderen, da kommt doch nichts raus.
Lehrkraft:
- *Du meinst, das bringt dir nichts, dich damit weiter zu beschäftigen?*
- *Die reden für dich nur Schwachsinn?*

Beispiel 2

Schüler: Mir fällt dann einfach nichts ein, wenn ich so vor der Klasse stehe.
Lehrkraft:
- *Da weißt du nicht, was du sagen sollst?*
- *Da hast du alles vergessen, was du gelernt hast?*

Beispiel 3

Mutter eines Schülers: Ich kann machen, was ich will, auf mich hört er sowieso nicht mehr.
Lehrkraft:
- *Sie haben schon alles versucht und es bringt nichts?*
- *Er geht einfach seine eigenen Wege?*

In diese Kategorie fällt auch das ‚Einfache Widerspiegeln' der non-verbalen Signale. Wenn ein Schüler beim Gespräch erst einmal da sitzt und nichts sagt, dann greifen Sie genau das auf, was Sie wahrnehmen.

Beispiel

- *Du sitzt erst einmal da und wartest ab.*
- *O. k. Du schaust erst mal, was ich jetzt mache.*

Sie schauen sich dabei die nonverbale Antwort des Schülers ganz genau an, da sie daran ablesen können, ob Sie in ihrer Verbalisierung „das Richtige" getroffen haben. Auch wenn der Schüler sich in späteren Kontakten schwer tut, am Anfang ins Reden zu kommen, können Sie mit dem ‚Einfachen Wiederholen' die nonverbalen Signale spiegeln.

Beispiel

Lehrkraft: Du siehst heute nicht sehr gesprächig aus.
Schüler: (sagt nichts, stimmt aber nonverbal zu).
Lehrkraft (je nach Fall):
- *O. K., dann sage ich mal, was mein Anliegen ist.*
- *O. K., dann mach' ich's heute kurz, oder wollen wir einen anderen Termin ausmachen?*

Mit dem ‚Paraphrasieren' wird der Schüler mit seinem Schutzraum respektiert. Dies ermöglicht ihm, Ihr Gesprächsangebot anzunehmen und damit nachfolgend erste Begegnungsschritte zuzulassen.

Aufgreifen des vorherrschenden Gefühls

Jede Aussage hat einen inhaltlichen und einen emotionalen Aspekt. Sie gehen bei dieser Form des empathischen Reagierens nicht auf den Inhaltsaspekt ein, sondern versuchen die *emotionale Botschaft*, die mitschwingt, aufzugreifen. Dies wird Ihnen durch die Stimme, Mimik und Gestik mitgeteilt. Auch hier treffen Sie immer eine Auswahl, bei der der Aspekt, den Sie aufgreifen, dadurch betont und einer näheren Differenzierung in der Selbstexploration (s. Kap. 1.3) zugänglich gemacht wird.

Dieses ‚Aufgreifen der emotionalen Botschaft' wird in der Erzählung „Johannes" von Körner (1978, S. 84) mit *„Bitte höre, was ich nicht sage!"* ausgedrückt.

Wichtig ist bei dieser Form des emphatischen Verstehens der *Frageton*, der das sich Herantasten, das Suchen deutlich macht. Es ist immer ein *offener Prozess*, ein *Angebot* von Ihnen, das der Schüler annehmen kann oder nicht. Je nachdem, wo er momentan in seinem Erleben steht und *inwieweit ihm das überhaupt zugänglich ist*. Denn das Aufgreifen der emotionalen Botschaft kann auch Wünsche, Gefühle und Bedürfnisse umfassen, die noch nicht oder nur in Ansätzen in das Selbstkonzept integriert wurden. Diese Gefühle und Bedürfnisse sind dem Schüler graduell unterschiedlich zugänglich. Teilweise sind sie, wie Rogers es ausdrückte, „am Rande der Gewahrwerdung", teilweise sind sie aber auch noch überhaupt nicht in das Selbstkonzept integriert, weil frühere Bewertungsbedingungen dies verhindert haben oder die mangelnde Affektabstimmung in der frühen Kindheit die Mentalisierung, d. h. die Fähigkeit, innere mentale Zustände überhaupt zu erkennen und zu benennen, grundsätzlich gestört hat (s. Kapitel 1.2; 2.3). Diese Gefühle können dem Schüler daher erst mit der Zeit erlebnismäßig zugänglich gemacht werden. Entsprechend vorsichtig sollten Sie dabei sein. Bei einem Selbstkonzept mit der Bewertung „Wer Gefühle zeigt, ist schwach", wie dies speziell bei männlichen Jugendlichen oft der Fall ist, wird es eine ganze Zeit lang dauern, bis der Schüler sein Bedürfnis nach Zugehörigkeit und Anerkennung in Ansätzen wahrnehmen kann, so dass es von Ihnen aufgegriffen werden kann.

Nachfolgend die bereits beim Paraphrasieren beispielhaft genannten Schüleräußerungen und dieselbe Äußerung einer Schülermutter, um den Unterschied zwischen dem ‚einfachen Wiederholen' und dem ‚Aufgreifen des vorherrschenden Gefühls' deutlich zu machen. Diesmal geht es nicht darum, mitzuteilen, was ich verstanden habe, sondern *den emotionalen Aspekt* der Äußerung aufzugreifen. Es werden wieder jeweils mehrere Antworten aufgeführt. Der fragende Tonfall ist bei dieser Form des empathischen Reagierens besonders wichtig.

Beispiel 1

Schüler: Ich habe genug von dem Gelabere der anderen, da kommt doch nichts raus.
Lehrkraft:
- *Da bist du richtig genervt?*
- *Das kannst du nicht mehr hören?*
- *Du hast das Gefühl: das bringt alles nichts mehr?*

Beispiel 2

Schüler: Mir fällt dann einfach nichts ein, wenn ich so vor der Klasse stehe.
Lehrkraft:
- *Da ist deine Kehle wie zugeschnürt?*
- *Da ist dein Kopf dann irgendwie ganz leer?*
- *Da möchtest du am liebsten ganz weit weg sein?*

Beispiel 3

Mutter eines Schülers: Ich kann machen, was ich will, auf mich hört er sowieso nicht mehr.
Lehrkraft:
- *Sie sind ganz am Ende?*
- *Sie sind ganz schön verzweifelt?*
- *Sie fühlen sich da jetzt einfach hilflos, ihm irgendwie machtlos ausgeliefert?*
- *Sie wünschten, es wäre alles ganz anders gelaufen?*

Ein weiteres Beispiel

Ein Schüler hat – noch bevor die Lehrkraft ins Klassenzimmer kommt – einen Schwamm auf eine Schülerin geworfen und diese dabei am Auge verletzt. Die Lehrkraft kommt dazu, als alle Schüler gerade um die verletzte Schülerin herumstehen, deren Auge ganz rot aussieht und stark tränt. Die Lehrerin wendet sich fürsorglich an die Schülerin und veranlasst, dass diese zum Augenarzt gebracht wird und die Eltern benachrichtigt werden. Dann kümmert sie sich um den Schüler, der den Schwamm geworfen hat, indem sie das vorherrschende Gefühl aufgreift:
„Da bist Du ganz schön erschrocken, dass das auf einmal passiert ist?"

Der Junge, der sehr betroffen ist und unter den feindseligen Blicken der Klassenkameraden („Wie kann der nur ...") ganz versteinert wirkt, taut sichtlich auf, ist erleichtert, dass er nicht gleich beschimpft wird und kann nun seinerseits seinen Kummer über den unglücklichen Verlauf zeigen.

Die Schüler, die sehr schnell nur einen ‚Täter' und ein Opfer gesehen haben, begreifen, dass es nicht beabsichtigt war, dass aus diesem Spaß Ernst wurde, weil es einfach passieren kann und es genau deshalb verboten ist, mit einem Schwamm oder einem anderen Gegenstand zu werfen.

Bei Schülern, die am Anfang eines Gesprächs nichts sagen, können Sie, *wenn schon eine Beziehung besteht*, ebenfalls das vorherrschende Gefühl aufgreifen. Fühlen Sie sich im Kontakt mit dem Schüler noch nicht richtig sicher, dann ist es besser, beim einfühlenden Wiederholen zu bleiben, da der Schüler sich sonst „durchschaut" fühlt.

Beispiel

- *Du siehst heute irgendwie traurig aus?*
- *Du wirkst heute so verschlossen, wie hinter einer Mauer?*

Konkretisierendes Verstehen

Sie greifen den Kontext, die Situationsbezogenheit des Erlebens auf. Es ist ein sehr wichtiger Moment im Prozess des ‚Sich-selbst-Verstehens', aufmerksam dafür zu werden, von welchen spezifischen Situationen eigenes Verhalten und Erleben abhängig sind. Für den Schüler ist dies eine sehr wichtige Differenzierungsarbeit, die durch das konkretisierende Verstehen angeregt wird.

Im Folgenden wieder dieselben Schüleräußerungen, diesmal geht die Lehrkraft mit einem konkretisierenden Verstehen darauf ein.

Beispiel 1

Schüler: Ich habe genug von dem Gelabere der anderen, da kommt doch nichts raus.
Lehrkraft:
- *Wenn so ein bestimmter Punkt erreicht ist, dann magst du einfach nicht mehr?*

Beispiel 2

Schüler: Mir fällt dann einfach nichts ein, wenn ich so vor der Klasse stehe.
Lehrkraft:
- *Wenn du so im Mittelpunkt stehst, dann fällt Dir nichts mehr ein?*
- *Wenn du das Gefühl hast, die schauen jetzt alle auf mich, dann ist dein Kopf irgendwie leer?*

Weitere Beispiele

- *Immer wenn du, …*
- *Wenn dich jemand berührt, dann …*
- *Wenn jemand so brüllt, dann …*
- *Wenn deine Mutter es in diesem Ton sagt, dann …*

Beispiel 3

Mutter eines Schülers: Ich kann machen, was ich will, auf mich hört er sowieso nicht mehr.
Lehrkraft:
- *Wenn Sie ihn auffordern, die Hausaufgaben zu machen, dann reagiert er gar nicht?*
- *Wenn Sie ihm sagen, dass er die Klasse wiederholen muss, dann tut er so, als wenn er das nicht gehört hätte?*

Wann eher ein ‚konkretisierendes Verstehen' und wann eher eine direkte Frage (s. Kapitel 3.1) sinnvoll ist, hängt von der Art des Gespräches ab. Steht die *Selbstexploration* des Schülers im Vordergrund, ist ein konkretisierendes Verstehen günstiger, da es den Schüler mehr bei seinem Erleben sein lässt und dieses vertieft.

Beispiel

Schülerin, nachdem sie eine Mitschülerin verletzt hat: Die blöde Kuh soll mich noch einmal so anmachen!
Lehrkraft: Wenn du beleidigt bist, dann schlägst du zurück?
Schülerin: Bei der schon.
Lehrkraft: Es ist nicht immer so, bei jemand anderem wäre es für dich nicht so schlimm gewesen?

Verdeutlichen des lebensgeschichtlichen Kontexts

Das Erleben des Schülers ist geprägt von seinen frühen Beziehungserfahrungen, wie dies in den Kapiteln über Lernen und Bindungs- und Traumaforschung erläutert wurde (s. Kapitel 2.3 und 2.4). Für jeden intensiveren Kontakt ist es daher notwendig, Informationen über die Lebensgeschichte des Schülers zu haben, da sich nur so sein Verhalten verstehen lässt (vgl. Kapitel 2.4).

Beispiel 1

Schüler: Ich habe genug von dem Gelabere der anderen, da kommt doch nichts raus.
Lehrkraft:
- *Du hast so oft erlebt, dass Leute etwas angekündigt haben und dann war doch nichts?*

Beispiel 2

Schüler: Mir fällt dann einfach nichts ein, wenn ich so vor der Klasse stehe.
Lehrkraft:
- *Du meinst, keinen interessiert, wie es dir gerade geht?*

Die Lehrerin öffnet mit diesen Aussagen eine „Tür" in die Vergangenheit. Die Reaktion des Schülers entscheidet dann darüber, ob er in diesem Moment durch diese Tür gehen will oder lieber nicht. Häufig ist die Haltung ambivalent, was sich dann deutlich an der Körperreaktion ablesen lässt. Je nach Beziehung und Prozess der Beratung und Ihrer eigenen Sicherheit und Kompetenz können Sie dann entscheiden, ob Sie einen weiteren Schritt in diese Richtung machen, z. B. *„Daran musst du immer wieder denken"* – oder ob Sie es so stehen lassen.

Das Gespräch strukturieren

Sie können das Gespräch strukturieren, indem Sie auf das hinweisen, was im Moment im Vordergrund steht. Dabei ist natürlich Fingerspitzengefühl gefragt, denn es gilt zum Beispiel zu entscheiden: Sind die „alten Geschichten", die der Schüler jetzt gerade erzählt, für ihn ganz wichtig, weil sie sein Verhalten erklären, oder will er damit nur von dem ablenken, was jetzt gerade passiert ist? Wenn Sie das Gefühl haben, es ist eher ein ‚Ablenkungsmanöver', können Sie durchaus auf das „Hier und Jetzt" zu sprechen kommen.

Beispiele

- *Ich verstehe, dass dich das immer noch sehr beschäftigt, ich möchte jetzt aber mit dir über den heutigen Vorfall reden.*
- *Ich weiß, dass da früher schon eine Menge schief gelaufen ist, aber schauen wir uns jetzt mal das an, was heute passiert ist.*

Schwierigkeiten bei der Verwirklichung

Das emphatische Verstehen ist eine *Haltungs- und Übungssache*. Wenn Sie wirklich interessiert sind, die subjektive Welt des Schülers zu erfassen, wird es Ihnen mit der Zeit immer leichter gelingen, sich erst mal zurückzunehmen und das Erleben des Schülers aufzugreifen, statt gleich auf den sogenannten *Appellaspekt* einer Nachricht (Schulz v. Thun 1994, s. Kapitel 2.1) zu reagieren.

Reflexionen für die Lehrkraft

- Bei welchen Personen aus meinem Umfeld fühle ich mich sehr gut verstanden? Wie geht es mir damit?
- Wann fällt es mir leicht, wann schwer, empathisches Verstehen zu realisieren? Von welchen Bedingungen hängt das ab?
- Welche der vorgestellten Aspekte des empathischen Verstehens gehören schon zu meiner Art und Weise, Gespräche zu führen, welche Aspekte sind neu für mich?
- In welchen Schulsituationen reagiere ich schnell auf den Appellaspekt einer Nachricht, d.h., meine, ich müsse gleich handeln oder Stellung beziehen. Wann ist das hilfreich, wann nicht?

Zusammenfassung

Rogers formulierte drei Prinzipien einer hilfreichen Beziehung: ‚Kongruenz', ‚Unbedingte Wertschätzung' und ‚Empathisches Verstehen'. Von diesen übergeordneten Prinzipien, die in jedem Kontakt zu verwirklichen sind, lassen sich für die Beratungsarbeit Gesprächsmethoden ausdifferenzieren, die variabel im Gesprächskontakt eingesetzt werden können. Ziel ist eine Beziehungserfahrung, in der im Beratungsprozess das jedem Menschen innewohnende Potential zur konstruktiven Veränderung aktiviert wird und bei der – je nach Dauer und Intensität der Beratung – der Schüler lernen kann, die Prinzipien dieses Beziehungsangebots in kleinen Schritten für sich selbst zu übernehmen:

- *kongruenter* zu werden, d.h. der Schüler kann offener für seine Gefühle werden und in seinem Erleben Änderungen zulassen,
- *wertschätzender* zu werden, d.h. der Schüler kann sich schrittweise mehr annehmen, mit den ganz eigenen Stärken und den ganz eigenen Schwächen, so dass er auch andere so anzunehmen lernt, wie sie sind;
- *empathischer* zu sein, d.h., der Schüler lernt, sich immer besser selber verstehen und kennen, mit allen Widersprüchlichkeiten, die unser Dasein ausmachen.

Weiterführende Literatur

Bender, B./Fleischer, T./Mersmann, B. (Hrsg.) (1999): Person und Beziehung in Schule und Unterricht. Ein Beitrag des Personzentrierten Ansatzes zur Professionalisierung des Lernens in der Schule. Köln.

Singer, K. (1996): Lehrer-Schüler-Konflikte gewaltfrei regeln. „Erziehungsschwierigkeiten und Unterrichtsstörungen als Beziehungs-Schwierigkeiten bearbeiten. Weinheim.

4

Das Personzentrierte Beratungsmodell: Fallbeispiele

„Unsere Kindheit ist das Vorspiel zu unserem Leben, in dem eine große Melodie sich als Thema ankündigt."

Albert Schweitzer

Für die praktische Umsetzung des Personzentrierten Ansatzes in der Schule wurden drei Fallbeispiele ausgewählt. Im Zentrum der Betrachtung stehen jeweils die Darstellung der drei Grundprinzipien Kongruenz, Wertschätzung und Empathie des Lehrers und das sich daraus entwickelnde Beziehungsangebot in Bezug auf einen Schüler. Einzig die Settings der drei Beispiele unterscheiden sich. Aus den Beispielen kann sich erschließen, wie richtungsweisend die Haltung und die Beziehung des Lehrers zum Schüler auf dessen Verhalten sein können.

4.1 Personzentriertes Vorgehen im Unterricht

Ein ganz „normaler" Unterrichtstag?

Das Erleben der Lehrerin Frau M. und des Schülers Mehmet

Frau M. nimmt sich viel vor für diesen Montagmorgen. Nicht nur, dass sie den halben Sonntag mit einer ausführlichen Unterrichtsvorbereitung verbrachte. Sie hat sich für jeden Tag der Woche auch ein bestimmtes Motto ausgedacht, mit dem sie sich und die Kinder auf den Unterricht einstimmen will. Der Spruch des heutigen Tages lautet: *„Wir nehmen uns und unseren Nachbarn ernst."*
Zufrieden und ausgeglichen betritt Frau M. das Schulgebäude.

Als sie Hanna vor dem Klassenzimmer auf sich zulaufen sieht, spürt sie ein dumpfes Gefühl in ihrer Magengegend, das sie in letzter Zeit häufiger wahrnimmt. „Frau M., Mehmet hat mein Federmäppchen absichtlich auf den Boden geworfen und will es nicht mehr aufheben!"
Vorwürfe wie diesen hatte sie in den letzten Wochen immer wieder gehört. Das geht ja schon wieder gut los, denkt sie und betritt das Klassenzimmer. Die „wilden Kerle" der Klasse 3b spielen gerade mit dem leeren Federmäppchen von Hanna Basketball. Mehmet, der die Klasse wiederholt, ist wie immer der Wortführer. „Alex, wirf her, schnell; Philipp, du musst abgeben an Andi; Lauf, Benni, du stehst gut vor dem Tor!"
Frau M. geht direkt auf Mehmet zu, mit einem lauten „Schluss jetzt" beendet sie abrupt das Spiel. Sie schaut ihn streng an. „Bitte gib Hanna sofort ihr Federmäppchen wieder und entschuldige dich bei ihr." Als Mehmet nach dem Federmäppchen greifen will, schießt Andi es weg, wirft es Thilo zu, dieser wirft zu Maxi, er wieder zu Andi usw. Lachen im Klassenzimmer, Mehmet reißt das Mäppchen schließlich Corinna so brutal aus der Hand, dass sie nach hinten stolpert und sich am Ellenbogen anschlägt. Frau M. läuft schnell zu Corinna und kümmert sich um deren Ellenbogen. Ihr Ton zu Mehmet wird schärfer: „Mehmet, pass doch auf. Du hast Corinna weh getan. Warum bist Du nur immer so ungestüm! Entschuldige dich bitte." Mehmet murmelt Unverständliches in sich hinein, knallt mit einem „Da, du Prinzessin!" das Federmäppchen

auf den Tisch von Hanna. Er setzt sich mit lautem Geräusch auf seinen Platz und kippt dabei nach hinten weg. Erneut schallendes Gelächter. Mit einem „Nun lasst uns erstmal den Unterricht beginnen" holt sich Frau M. die Aufmerksamkeit der Klasse zurück, wohl wissend, dass die Situation alles andere als geklärt ist. Aber sie kann doch nicht noch mehr Zeit verlieren, denn sie möchte heute mit einem neuen Thema beginnen und hat ihre Unterrichtseinheit genau durchstrukturiert. Der Druck in ihrer Magengegend ist stärker geworden.

Auch Mehmet spürt ein komisches Gefühl in seinem Körper, das er sehr gut kennt. In seinem Kopf kreisen Gedanken, die immer wieder kehren: „Wieder bin ich schuld, ich habe doch nichts Schlimmes getan! Warum muss Hanna auch ihr Federmäppchen so an den Rand legen, dass es herunterfallen *muss*, wenn man vorbeigeht! Ich wollte es ja gerade aufheben, da hat Thilo es sich geschnappt und Andi zugeworfen. Und zum ersten Mal war ich mitten dabei und sie ließen mich mitspielen. Das hat vielleicht Spaß gemacht!" Mehmet ist gut im Ballsport und jeder wollte nur ihm zuwerfen, obwohl er der neue Ausländer in der Klasse war. Doch dann kam die Lehrerin und hat alles kaputt gemacht. Plötzlich waren wieder alle gegen ihn. Wie schämte er sich, als die anderen ihn mit dem Ball ärgerten! Und dem Mädchen wollte er doch nie wehtun! Jetzt wird er wohl nie ihr Freund werden, so wie in der letzten Klasse, so wie im Kindergarten ...

Bestimmt wird die Lehrerin bald mit seinem Vater sprechen wollen; daraufhin wird der Vater ihn zur Rede stellen, wird ihm erklären, wie man sich anzupassen habe. Immer wieder enttäusche er ihn; er als Mann müsse sich von jungen deutschen Erzieherinnen und Lehrerinnen sagen lassen, wie man seine Kinder erzieht. Und dann ist sein Vater wieder sehr wütend auf ihn. Mehmet spürt eine Riesenwut in sich aufsteigen, die in ein Gefühl von Hilflosigkeit und Enttäuschung umschlägt. Er würde so gerne wissen, was er ständig falsch macht. Lernen will er auf alle Fälle heute nichts mehr. Und entschuldigen will er sich auch nicht.

Eigentlich ein ganz normaler Schulalltag mit kindlichen Konflikten und Gruppenerfahrungen, an denen Kinder wachsen können? Frau M. weiß, dass sie nicht für das Wohlbefinden eines jeden Schülers verantwortlich sein kann. Und doch nimmt sie eine Entwicklung in ihrer Klasse wahr, die ihr Sorgen bereitet. Und was hat sie eigentlich damit zu

tun? Zum Glück hatte sie sich so gut auf die darauffolgenden Stunden vorbereitet, dass die Schüler dem Unterricht interessiert folgen können und es zu keinen weiteren Zwischenfällen kommt. Doch ihre Zufriedenheit darüber wird von diesem schweren Gefühl in ihrer Magengegend überdeckt. Hatte sie die Kinder und insbesondere Mehmet wirklich ernst genommen?
Für diesen Nachmittag nimmt Frau M. sich nichts anderes vor, als alle ihre Gedanken und Empfindungen zusammenzutragen. Sie will sich zuerst selbst ernst nehmen. Sie weiß, dass sie diese Zeit und die Energie investieren muss, um in Zukunft mit Situationen wie der von heute besser umgehen zu können.

Kongruenz (Authentizität)

Handlungsschritt 1: Die Eigenreflexion

An diesem Tag wird sich Frau M. ein kleines Tagebuch kaufen, in das sie alle Gefühle und Gedanken notiert, die im Zusammenhang mit ähnlichen Situationen in der Schule immer wieder kehren:

Meine Gefühle:
Ich fühle mich hilflos und überfordert, oft weiß ich nicht, wie ich angemessen reagieren soll.
Ich bin enttäuscht, dass ich meinen Unterricht oft nicht so durchführen kann, wie ich ihn vorbereitet habe.
Ich bin wütend auf Mehmet, weil er in der Klasse eine Stimmung verbreitet, die Lernen unmöglich macht.
Ich bin wütend auf mich, weil ich mich von scheinbar kleinen Anlässen in meiner Lehrerkompetenz schwächen lasse.
Ich fühle mich allein gelassen, weil ich keine Möglichkeiten habe, mit jemandem über meine Ängste, Sorgen und Gefühle zu reden.
Ich fühle mich erschöpft und ausgelaugt, weil ich sehr viel Zeit und Energie aufbringen muss, um einen reibungslosen Unterricht zu gestalten.

Meine Gedanken:
Warum macht er mir meine *schöne Stunde kaputt?*

Warum lasse ich mich so schnell von ihm *auf die Palme bringen*?
Ich wollte immer eine Lehrerin sein, die nicht *so viel schimpfen* muss.
Alle reden von *Integration und Inklusion*, aber wir Lehrer sind diejenigen, die täglich mit den Problemen konfrontiert sind.
Warum sind wir Lehrer ständig *wachsendem Druck* ausgesetzt?
Woher *bekomme ich Hilfe*, wenn ich mit einem Schüler nicht zu recht komme?
Mich kostet der Umgang mit einigen Schülern *mehr Kraft* als alle anderen Lehreraufgaben.
Warum geht mir dieser Mehmet *nicht aus dem Kopf*?
Ich möchte nicht, dass es so weiter geht, *ich muss besser auf mich aufpassen*, sonst bekomme ich noch ein Magengeschwür.
Ich lasse mir doch *das Ruder nicht aus der Hand nehmen!*

Frau M. gefällt das Bild vom Ruder, es fühlt sich gut an. Sie sieht sich als Kapitän auf einem Schiff, der zusammen mit seiner Mannschaft auf Entdeckungsreise in die Länder des Wissens geht. Auf der Reise werden Schätze an Lernerfahrungen gesammelt und Fähigkeiten angeeignet, die zur Entwicklung einer gesunden Persönlichkeit benötigt werden. Der geistige, seelische und körperliche Horizont jedes Mitreisenden wird erweitert.

Frau M. spürt, wie sich der dumpfe Schmerz in ihrer Magengegend auflöst und sich ihr Körper innerlich aufrichtet. Sie fühlt eben jene Lebendigkeit, die sie so gerne mit ihrem Lehrerberuf in Verbindung bringt. Ja, sie spürt wieder ihre Fähigkeit, Kinder für Wissensinhalte zu begeistern, und sie weiß, dass sie Gruppen führen kann. Sie spürt ihren Sinn für Gerechtigkeit und möchte jeden mitnehmen auf die Reise durch dieses Schuljahr, auch Kinder wie Mehmet. Sie sieht ihn als kleinen Piraten, wie er auf ihrem Schiff anheuert und Teil der Mannschaft sein will mit seinen ganz eigenen Talenten. Sie kann sich erinnern, wie sie als Kind Piraten faszinierten, weil die sich so stark und unabhängig fühlten. Ihr fallen Situationen aus ihrer Kindheit ein, wo sie, ebenso wie Mehmet heute, stolz darauf war, wenn andere ihre Ideen aufgegriffen haben. Sie erinnert sich auch, als sie nach ihrem Umzug als Neue in die Klasse kam und sich so gewünscht hätte, dass die Lehrerin sie an die Hand genommen und in die Klasse eingeführt hätte. Frau M. kann dieses Gefühl der Unsicherheit heute noch körperlich nachspüren. War sie damals so alt wie Mehmet heute? Sie nimmt wahr, dass ihr Ärger auf ihn verflogen ist, ja sie freut sich geradezu, Menschen wie ihn in ihrer Crew zu haben. Auch er kann begeistern, ist stark und kann führen. Auch er hat einen großen Gerechtigkeitssinn und kann die Mannschaft sprachlich und kulturell bereichern. In ihren Gedanken nimmt sie aber auch die Bedürfnisse der anderen Kinder in der Klasse wahr, wie z. B. von Hanna und Corinna. Auch sie haben ein Recht darauf, dass der Kapitän das Schiff sicher und verantwortlich durch die sozialen Meeresstürme führt. Denn wer möchte schon gerne mit einem Kapitän in See stechen, der bereits vor der Abfahrt ein Gefühl von Unsicherheit und Unklarheit vermittelt?

Was hatte sich verändert? Augenscheinlich noch nichts.

Doch mit seinem Verhalten stößt Mehmet verschiedene Ebenen des Selbstkonzepts der Lehrerin an und setzt Prozesse in Gang, die einen wesentlichen Einfluss auf die weitere Beziehungsgestaltung haben werden.

Die Lehrerin findet durch das Wahr- und Ernstnehmen ihrer Empfindungen ihre Handlungssicherheit wieder. Sie nimmt ihre Bedürfnisse wahr und hinterfragt ihre Haltungen und Einstellungen. So kann sie neue Ziele entwerfen und ihre Begeisterungsfähigkeit für ihren Beruf wiederbeleben. Sie kann neue Energien sammeln und ihre Phantasie und Kreativität als gute Ressource für das Lehren erkennen. *Sie spürt Mut und Abenteuerlust, fühlt sich lebendig und präsent. Sie fühlt sich kongruent.*

An dieser Stelle des Fallbeispiels wird deutlich, warum für Rogers die Kongruenz einer Person die wohl bedeutendste Grundhaltung für die Gestaltung einer pädagogisch-therapeutischen Beziehung darstellt. Durch die Offenheit und das Gewahrwerden der eigenen Gefühle und Einstellungen kann die Lehrerin eben jene Wahrnehmung entwickeln, die ihr neues Verständnis und Wertschätzung für den einzelnen Schüler eröffnet. Die Bereitschaft, sich ehrlich anzuschauen, was Mehmet mit seinem Verhalten bei ihr auslöste, hatte sie wieder mehr zu ihren eigenen Bedürfnissen und Kompetenzen geführt. Sie spürt die Verantwortung, mit ihrem Verhalten Weichen zu stellen in Bezug auf die Haltung jedes einzelnen Schülers, den anderen unabhängig von seiner Herkunft anzunehmen und wertzuschätzen. Sie kann diejenige sein, die mit ihrer Empathie den dauerhaften Nährboden für soziale und emotionale

Fähigkeiten des einzelnen Schülers bereitet. Sie fühlt sich nun sicher genug, sich dieser pädagogischen Verantwortung zu stellen.

Handlungsschritt 2: Orientieren an den Schülern

Im *Brainstorming* zur Vorbereitung der nächsten Stunden tauchen bei Frau M. zwei zentrale Fragen auf:
- Was brauchen meine Schüler im Moment von mir? (Frage nach den Bedürfnissen) und
- Was hat Bedeutung für den einzelnen Schüler meiner Klasse? (Frage nach der Identität).

Anhand der *Bedürfnispyramide*, angelehnt an die Theorie Maslows (1983), wird deutlich, dass die Bedürfnisse der Kinder und die der Lehrerin zu Beginn des Schuljahres nach Schutz, Ordnung und Wohlbefinden nahezu identisch sind. Hier findet erneut die Tatsache des personzentrierten Ansatzes Beachtung, dass der Mensch über seine Kongruenz zu Empathie und Wertschätzung der anderen Person gelangt.

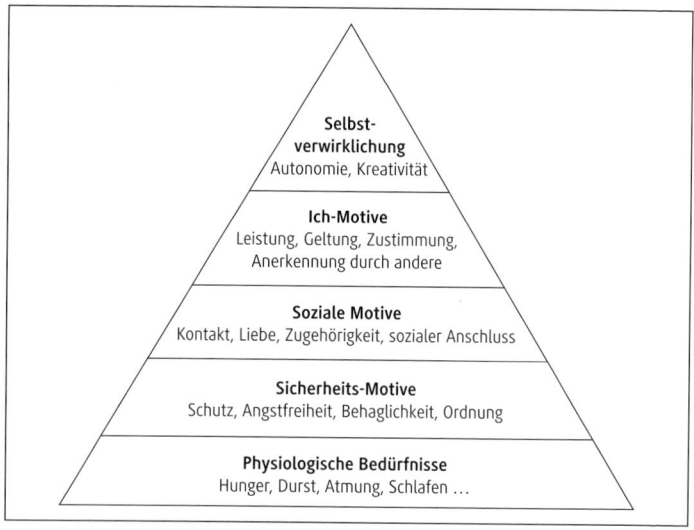

Abb 5: Bedürfnispyramide nach A. Maslow, 1983

Bedürfnisse nach Leistung, Sinn und Verstehen können erst dann empfunden werden, wenn der Mensch seine physiologischen Bedürfnisse abgedeckt und hinreichend Schutz und Sicherheit erfahren hat.

Handlungsschritt 3: Die Lernziele für die nächsten Stunden

Diese Annahme ist für Frau M. nun Ausgangspunkt für ihr weiteres Vorgehen. Sie möchte vor allem das *Kohärenzgefühl* der Schüler stärken. Antonovsky (1997) beschreibt mit diesem Begriff ein aus sozialen Beziehungen heraus entwickeltes Gefühl, sich mit sich und seiner Um-

Leitziel		
Herstellen einer vertrauensvollen Lernumgebung → Stärken des Kohärenzgefühls des einzelnen Schülers		
Grobziel 1	**Grobziel 2**	**Grobziel 3**
Stärken der Eigenwahrnehmung des Schülers	Entwickeln einer stabilen Lernhaltung des Schülers	Stärken der Interaktionsfähigkeit in der Klasse
Wie ist die Befindlichkeit des einzelnen Schülers?	Wie kann sich der Schüler zum Lernen stärken?	Wie können sich die Schüler mitteilen und untereinander stärken?
Feinziele	**Feinziele**	**Feinziele**
Erkennen von Bedürfnissen	Erfassen des individuellen Lerntyps	Erarbeiten von Werten und Normen in der Klasse
Sensibilisieren der Sinneswahrnehmung	Erforschen von Talenten und Fähigkeiten	Erlernen von Techniken der gewaltfreien Kommunikation
Definieren von Befindlichkeiten	Wertschätzung von besonderen Eigenschaften	
Regulierung von Anspannung/Entspannung	Erarbeiten von individuellen Lernbedingungen	Aufbau eines gegenseitigen Helfernetzes unter den Schülern
Umgang mit Angst	Kennenlernen von Interessen und Neigungen	Verbesserung der Schwingungsfähigkeit/ Verständnis für den anderen entwickeln

welt in Einklang zu befinden. Der Mensch spürt inneren Halt, einen sinnvollen Lebenszusammenhang und fühlt sich von anderen gehalten und getragen, kann anderen auch Halt verschaffen. Das Kohärenzgefühl entsteht vornehmlich, wo sich der Mensch spielerisch-dialogisch entfalten kann und sich wohlwollend wahrgenommen weiß.

Handlungsschritt 4: Methoden entwickeln

Als *Unterrichtsmethode* wählt sie den fächerübergreifenden Unterricht in Form eines Planspiels. Sie hat durch ihre gedankliche Auseinandersetzung die Bedürfnisse der Kinder aufgenommen. Jetzt vertraut sie auf eben jene „Schwingungsfähigkeit" der Kinder, sich für die Idee der gemeinsamen Schifffahrt begeistern zu lassen. Sie weiß, dass Kinder in der Grundschule über anschauliches Lernen Wissensinhalte besser verankern können.

Als *Gesprächsmethode* möchte sie die Interventionen der Ebene 3 der Abstraktionsebenen des Beziehungsangebots (siehe Kapitel 3) anwenden:

Sie möchte sich *selbst einbringen*, d. h. sie hat vor, den Kindern mitzuteilen, was sie sich für das Schuljahr wünscht.

Sie möchte die *Beziehungen in der Klasse klären*, da sie davon weiß, wie entscheidend sie sich auf das Lernklima in der Klasse auswirken.

Sie möchte die Kinder mit sich selbst *konfrontieren*, d. h. ihnen Möglichkeiten anbieten, sich mit sich selbst und dem anderen auseinanderzusetzen und Verantwortung für das gemeinsame Ziel zu übernehmen.

Sie möchte jeden einzelnen Schüler *wertschätzen*, d. h. sie will sich darum kümmern, dass in ihrem Unterricht kein Kind bloßgestellt wird, jeder mit seinen Stärken und Schwächen angenommen und darin von ihr und anderen bestätigt wird.

Sie möchte den Kindern über ihr eigenes Verhalten *einfühlendes Verstehen* vorleben, d. h. durch *Aktives Zuhören, Wiederholen, Konkretisieren* das Erleben des Kindes in der konkreten Situation wahrnehmen, *ohne es zu bewerten*.

Die darauffolgenden Unterrichtsstunden

Am nächsten Tag betritt Frau M. mit einer großen Schatzkiste und einem alten Koffer das Schulgebäude. Neben ihrer Idee und ihrem gedanklichen Konzept sind die beiden Utensilien ihre gesamte Unterrichtsvorbereitung. Sie empfindet ein wenig Stolz über ihren Mut, spürt große Neugierde auf das, was sie erwarten wird. Werden die Kinder sich auf einen person- und prozessorientierten Unterricht einlassen?

Mehmet und Lukas spielen gerade im Gang Fangen, ignorieren wie so oft das Ankommen der Lehrerin. Heute spürt sie seltsamer Weise keine persönliche Kränkung. „Ich bräuchte starke Hände, die mir tragen helfen" (*Selbsteinbringen*) ist eine Aufforderung, die die beiden Jungen sehr wohl wahrnehmen. Mehmet zögert, auf der einen Seite ist er eigentlich immer noch sauer auf Frau M., auf der anderen Seite fühlt er sich als „starker Kerl" doch angesprochen (*Konfrontieren*). Ist dies eine Tür, durch die er gehen wird, weil er die Echtheit der Lehrerin wahrnimmt? Oder wird seine ‚Selbstaktualisierungstendenz' (siehe Kapitel 1.1) diese Frage als „Falltüre" wahrnehmen, weil seine schlechten Erfahrungen mit Lehrern und Erziehern zu tief sitzen?

Frau M. sieht Mehmets Unschlüssigkeit und spricht sie offen an: „Du weißt nicht, ob du noch sauer auf mich sein sollst, stimmt's?" (*Frage stellen/Beziehung klären*). Jetzt fühlt sich Mehmet in seinem Gefühl der Wut wahrgenommen, er nickt. „Ich war gestern auch nicht glücklich darüber, dass wir nicht mehr Zeit hatten, die Geschichte zu klären" (*Selbsteinbringen/Solidarisieren*), „und genau deshalb habe ich heute die Schatzkiste mitgebracht. Willst du dich überraschen lassen?" Immer noch zögernd lässt Mehmet sich von Lukas' Neugierde anstecken und beide tragen die Kiste und den Koffer ins Klassenzimmer.

Frau M. stellt nun ihr Projekt der Klasse vor:

„Ich möchte euch heute davon erzählen, wie ich in den vergangenen Wochen unsere Zwischenpausen erlebt habe" (*Sich Selbsteinbringen*). Sie erklärt, dass es für jedes Kind Verschiedenes zu tun gibt: „Die einen möchten sich ganz gerne bewegen, toben, wie z. B. Mehmet, Andi, Thilo, Philipp, Alex und Benni. Andere Kinder brauchen in der Pause ein wenig Ruhe, wie z. B. Hanna und Sophia, die sich gerne ein wenig unterhalten und malen. Wieder andere sind hungrig, müssen auf die Toilette oder möchten Karten spielen, so wie Thomas und Max. Lara, Hannes und Tim möchten gerne ins Heft der nächsten Stunde schauen" (*alle Kinder beim Namen ansprechen, Wertschätzung*). Sie beschreibt, dass sie die Bedürfnisse von sich selbst gut kennt und erklärt, dass die Pausen dafür gemacht sind, dass jeder etwas findet, was ihn entspannt (*Solidarisieren*). Sie macht auch die Schwierigkeiten beim Übergang von den Pausen zum Unterricht deutlich (*Konkretisieren/einfühlendes Verstehen*). Frau M. betont, wie wichtig es ihr ist, dass jedes Kind mit seiner ganzen Aufmerksamkeit am Unterricht teilnehmen kann und sie sich darum kümmern möchte, dass es allen leichter fällt (*Selbsteinbringen*). Sie motiviert die Kinder: „Ich habe jetzt eine neue Idee".

Unbedingte Wertschätzung

Mit dieser Aussage weckt Frau M. nicht nur das Interesse der Kinder. Sie gibt kund, dass sie *alle* Kinder mit ihren verschiedenen Bedürfnissen wertschätzt und verstehen kann. Sie vermittelt Sicherheit, indem sie auch schüchternen, unsicheren Kindern das Gefühl gibt, sich um die heiklen Situationen des Schulalltags zu kümmern. Sie zeigt Kindern wie Mehmet, dass sie nicht sein Verhalten als negativ bewertet, sondern die äußeren Rahmenbedingungen einfach nicht mehr Bewegung zulassen.

Unbedingte Wertschätzung der Person als Grundhaltung nach Rogers kann im Unterricht demnach bedeuten, dass die Lehrkraft ihre Aussagen so formuliert, dass sich *jedes Kind* in seiner individuellen Eigenart angenommen fühlt. Sie wird nicht dieses oder jenes Verhalten als positiv oder negativ bewerten, sondern wird beschreiben, dass eine Situation oder eine Aufgabe verschiedenes Verhalten, verschiedene Gefühle und Lösungen zulassen können. Hier liegt ein wesentlicher Unterschied zu Pauschalaussagen, die im pädagogischen Bereich allzu oft verwendet werden, z. B. „das habt ihr aber gut gemacht" oder „es kann doch nicht so schwierig sein, dass ihr jetzt mal leise seid", denn in diesen Aussagen liegt eine klare Bewertung des Lehrers (die Kinder, die es nicht so gut können bzw. sich schwer tun, leise zu sein, hören die Abwertung sofort). Nur so kann in der Klassengemeinschaft ein Bewusstsein entstehen, dass Empfindungen, Wahrnehmungen und Wirklichkeiten innerpersonelle Vorgänge sind, die nebeneinander existieren können.

Zur unbedingten Wertschätzung gehört auch, dass die Lehrkraft niemals Aussagen macht, mit denen sie bestimmten Kindern das Gefühl gibt, nicht dazu zu gehören. So wird Frau M. später die Kinder nicht fragen, wo sie letztes Jahr im Urlaub waren (da es die Kinder, die nicht im Urlaub waren, ausschließt), sondern jedes Kind darf sich ein Land ausdenken, wo es auf der „Weltumsegelung" einmal hinfahren möchte.

Frau M. erklärt den Kindern, dass sie mit ihnen zusammen ein Planspiel spielen möchte mit dem Titel *„Wir umsegeln die Welt des Wissens"*.

Sie schildert den Kindern, dass Erwachsene in großen Firmen oder Jugendliche in höheren Klassen Planspiele veranstalten, wenn sie etwas lernen oder verändern wollen. Und da hatte sie die Idee, dass auch Kinder in der dritten Klasse Spaß daran haben könnten (*Selbsteinbringen*). Sie betont, dass sie als „Kapitän" dafür sorgen wird, dass jedes Kind mit auf die Reise genommen wird und die Fähigkeiten von jedem Kind gebraucht werden (*Anerkennen*). Sie macht die Kinder darauf aufmerksam, dass jedes Mitglied der Besatzung für eine erfolgreiche Reise mitverantwortlich ist (*Konkretisieren*).

Anschließend erklärt sie den Kindern den Sinn der Schatzkiste und des Koffers:

„Für unsere Weltumsegelung müssen wir uns natürlich noch gut vorbereiten. Auf unserer Schifffahrt wird es bestimmt auch mal Wellen und Stürme geben und da müssen wir alle unsere Kräfte zusammentragen. Zuerst möchte ich mit euch sammeln, was man für so eine große Reise alles braucht. In den *Koffer* packen wir alles, was uns helfen kann, mit neuen Situationen oder Gefahren umzugehen. Da ist unser ganzes Wissen drin, damit wir immer den richtigen Weg finden (→ alle Lerninhalte des Lehrplans, aber auch Kommunikationsregeln, feste Rituale, struktureller Rahmen). In diese *Kiste* hier möchte ich mit euch alle Schätze sammeln, die wir hier in unserer Klasse finden und die wir auf unserer Reise vielleicht anderen zeigen oder schenken möchten (→ individuelle Bedürfnisse, Wahrnehmungen, Fähigkeiten, Ängste, Erwartungen und Wünsche, Ideen, Besonderheiten). Aber aufgepasst: Wir können den Handwerkskoffer immer nur öffnen, wenn wir vorher den Geheimcode für die Schatzkiste geknackt haben (→ hiermit macht Frau M. deutlich, dass Lernen nur möglich ist, wenn sich wertschätzende Bedingungen für jedes Kind entwickelt haben). Jetzt lasst uns mal sammeln. Jedes

Kind schreibt mal auf einen Zettel, was man auf einer großen Schifffahrt alles brauchen kann."
Anschließend darf jedes Kind seine Idee vorlesen und miteinander wird überlegt, in welche der beiden Kisten das Kärtchen verstaut wird, z. B. „Landkarte", „Flagge", in den Wissenskoffer, „Nahrungsmittel" in die Schatzkiste usw. Frau M. ist sich bewusst, dass wirklich *alle* Vorschläge aufgenommen und von ihr nicht bewertet, sondern wertschätzend angenommen werden. Sie ist erfreut und verblüfft über die Fülle der Aussagen. Sie nimmt ein warmes Gefühl in ihrer Bauchgegend wahr. Am meisten fasziniert die Lehrerin, wie nahe (kongruent) die Kinder noch an ihren eigenen Bedürfnissen sind. Wieder erkennt Frau M. die Bedürfnispyramide, z. B. Essen, Trinken, Schlafen (von Hanna wird „ein Bett" genannt) werden als physiologische Grundbedürfnisse häufig genannt. Aber auch Bedürfnisse nach Sicherheit und Ordnung („Matrosen", „Schiffskoch", „Sturmsegel", „Rettungsboot", „Kompass", „Regenkleidung" interpretiert sie als Wunsch nach Rollenübernahme bzw. Strukturgebung) tauchen in großer Zahl auf.

Als Mehmet an der Reihe ist, liest er „Muckis und Waffen" vor. Will er wieder provozieren oder die Lehrerin testen, ob sie wirklich alle Vorschläge ernst nimmt, oder ist sein Wunsch, sich im Ernstfall verteidigen zu können, ein produktiver Beitrag zur Stoffsammlung? Frau M. will nicht in alte Fallen tappen und fragt daher genauer nach. „Könnt ja sein, dass Piraten unser Schiff kapern wollen", ist seine knappe Antwort. Jetzt kann Frau M. ihm bedingungslos zustimmen: „Ja, wir werden auch lernen müssen, wie wir uns angemessen verteidigen können, da stimme ich dir zu." Auch Mehmet sucht also Schutz und Kontrollierbarkeit.

Als Abschluss für diese erste Einführung im prozess- und personzentriertes Arbeiten darf sich jedes Kind einen Platz im Klassenzimmer (auf dem Segelschiff) suchen, wo es sich im Moment am wohlsten fühlt (→ zur Musik gehen die Kinder im Raum umher, bei Musik-Stopp suchen sie sich einen Platz, nehmen wahr, wie sie sich fühlen; nach drei Versuchen hat jedes Kind seinen Lieblingsplatz gefunden). Dieser Platz muss nicht sitzend auf dem Stuhl sein, er kann liegend über oder unter der Bank sein, stehend hinter dem Pult, auf dem Fensterbrett, unter dem Waschbecken … Die Lehrerin interessiert, ob die Kinder in ihrer Selbstorganisation erspüren können, wo sie sich sicher fühlen und ob sie für sich sorgen können. Es entsteht ein lustiges Foto mit unmöglichsten

Sitz- und Liegepositionen. Diesen individuellen „sicheren" Ort wird sie methodisch einführen als „Auszeit", wenn sie in der Klasse unruhige, unkonzentrierte Stimmung wahrnimmt. Auch zeigt ihr der Platz, den sich das Kind ausgesucht hat, wo es sich in der Klassendynamik und seinen Beziehungen einordnet; Mehmet sitzt z. B. als „Wächter" gleich neben der Türe. Es scheint, als spüre er seine Fähigkeit, die Klasse aktiv zusammenzuhalten bzw. zu „verteidigen" (→ Kohärenzgefühl). In diesem Moment kommt ihr eine weitere methodische Idee. Die Klasse gestaltet gemeinsam einen „Energieumwandler": Ein Kind, das sich in diesem Moment sehr unruhig und unkonzentriert fühlt, bekommt von einem anderen, das sich ausgeglichen fühlt, eine „Handvoll" Ruhe. Ein anderes Kind, das sich im Moment erschöpft und überfordert fühlt, bekommt von einem anderen Kind eine „Energiespritze". Pausen könnten auf diese Weise eingeleitet werden und die Klasse kann erfahren, dass gemeinsames Lernen nur mit gemeinsamer Motivation möglich ist. Im Laufe der Zeit könnte jedes Kind sein eigenes Energiebarometer entwickeln. Sie hat noch keine Idee, wie so etwas ausschauen könnte. Aber vielleicht könnte ja die Kunstlehrerin dabei behilflich sein?

Die Hausaufgabe für diesen Tag lautet:
1. In welches Land möchtest du gerne einmal reisen?
2. Welches Tier würdest du am liebsten mit auf die Reise nehmen? Erkläre in 5 Sätzen, warum!
3. Wovor haben Piraten Angst? Male einen Piraten und male seine Angst in seinen Körper!

Mit diesen Fragen kann jedes Kind für seine Eigenwahrnehmung sensibilisiert werden, Die Lehrerin kann wertvolle Informationen über Ressourcen und Befindlichkeiten erhalten und die Schatzkiste mit Themen bestücken. Gerade dem Komplex der Angst möchte sie ausreichend Zeit widmen, da diese die Wahrnehmung der Kinder blockiert. Wichtig ist ihr auch, welche Bedeutung die Kinder selbst den Fähigkeiten der Tiere zuschreiben und nicht, wie die Lehrerin die Inhalte bewertet.

An diesem Tag kommt Frau M. mit einem ausgefüllten wohligen Gefühl nach Hause. Sie fühlt sich überhaupt nicht so erschöpft wie die letzten Wochen, im Gegenteil, in ihr sprudeln die nächsten Ideen für den Unterricht. Sie hat in ihren Koffern alle Lernziele für dieses Schuljahr. Die Lehrkraft Frau M. weiß nun, an welchen eigenen Bedürfnissen und an welchen Bedürfnissen der Kinder sie sich in Zukunft orientieren will. Frau M. fühlt sich kongruent, wenn sie sich vorstellt, die Lernziele der einzelnen Fächer der 3. Klasse in dieses Planspiel zu übertragen. Sie fühlt sich auch kongruent, wenn sie an die Fähigkeiten der Kinder denkt, die diese ihr heute gezeigt haben.

Handlungsschritt 5: Übertragung in den Lehrplan

Die Ausarbeitung wird sicherlich einige Zeit in Anspruch nehmen, doch das bereitet ihr Freude und sie spart ja die Zeit der einzelnen durchstrukturierten Unterrichtsplanungen.

Beispiele

Thema Schlaf
- Schlafbedürfnisse, Wissen über Schlaf, Schlafstellungen, Traumtagebücher entwerfen und gestalten ...

Thema Ernährung in Deutsch
- z. B. einmal wöchentlich miteinander frühstücken, Essen in anderen Ländern (Mehmet, Türkei), Speiseplan für die Crew erstellen.

Thema Verteidigung
- Welche Möglichkeiten gibt es, Konflikte zu lösen (auf der Welt, in der Beziehung, in der Politik, in unserer Klasse ...)?

Fach Deutsch:
- existierendes Thema aus einem Deutschbuch der 3. Klasse: „Der Lauf der Sonne und die Himmelsrichtungen" → Kompass herstellen, im Zimmer Himmelsrichtungen anzeichnen, Länderkarten zeichnen und anbringen, täglich Anker mit Zielen setzen.

Fach Mathematik:
- täglich wechselnden Zahlencode für die Schatzkiste entwerfen, Entfernungen der Länder erarbeiten, Mengen der Nahrungsmittel errechnen, Etappenentfernungen berechnen.

Personzentriertes Vorgehen im Unterricht

- Existierende Aufgabe aus einem Mathematikbuch der 3. Klasse:
  „Hans im Glück": Tausend Euro hat er in seiner Brieftasche! Zuerst kauft er sich ein Fahrrad für 180 Euro. Das ist ihm zu langsam. Er verkauft es für 100 Euro. Dann schafft er sich ein Moped an. 350 Euro kostet es. Das macht ihm zu viel Krach. Er verkauft es bald wieder für 250 Euro. Nun möchte er sich ein gebrauchtes Motorrad kaufen. Eines für 850 Euro hat er ausgewählt, aber das Geld reicht nicht mehr. Rechne nach! Diese Aufgabe verändert sich in:
  „Schiff ahoi!": Tausend Euro haben wir von unserem Rektor für die Schifffahrt bekommen! Zuerst kaufen wir davon Nahrungsmittel für 180 Euro. Uns fehlen noch Getränke. Sie kosten 200 Euro. Dann schaffen wir uns auch noch ein Sturmsegel für 350 Euro an. Das passt nicht an unseren Mast und wir verkaufen es für 250 Euro. Nun möchten wir uns aber auch noch Schwimmwesten kaufen, die kosten 850 Euro. Reicht uns das Geld dafür noch? Rechne nach!

Fach Kunst:
- Planung, Gestaltung eines Energieumwandlers, einer gemeinsamen Flagge, eines Sturmsegels, lustiger Regenkleidung, bunter Bettbezüge ...

Fach Musik:
- „Wir lagen vor Madagaskar" ...

Fach Sport:
- Mast besteigen, Sturm- und Wellenspiele, Kimspiele (Wahrnehmungsspiele).

Fach Religion/Ethik:
- Woran glauben die Menschen in dem Land, das wir heute bereisen wollen? Welche Werte und Normen brauchen wir, damit es jedem gut geht?
- Wie können wir unsere Meinung äußern, ohne zu verletzen? Wie wehren wir uns?

Fach Erdkunde:
- Großer Globus, die Zieletappen einzeichnen, Länderkunde des jeweiligen Landes.

Die Lehrerin Frau M. fühlt sich bestätigt, weil die Kinder ihr Beziehungsangebot angenommen haben. Ihre Angst, mit kritischen Situationen in der Klasse fertig zu werden (z. B. Ausgrenzung einzelner Schüler, Aggressivität, Unruhe), scheint im Moment verflogen zu sein, denn sie hat die Verantwortung mit in die Hände der Kinder gegeben. Und diese haben ihr heute gezeigt, wie kreativ sie sich neuen Aufgaben stellen können. Frau M. fühlt sich mutig und sicher, mit ihrer Empathie das jeweilige Thema aus der Schatzkiste herauszuholen, das die Kinder im Moment am meisten interessiert. Die Lehrkraft ist sich bewusst, dass immer wieder Situationen (heftige Stürme) auftauchen können, in denen sie als Lehrerin oder „Kapitän" gefordert, manchmal sogar überfordert sein wird. Dann wird Frau M. Handlungsschritte zurückgehen und wieder Kongruenz entwickeln müssen. Sie vertraut darauf, dass die Kinder diese Schritte mitgehen können.

Handlungsschritt 6: Integration in das Gesamtkonzept

Ein wenig Magengrummeln bereitet ihr die Meinung ihrer Lehrerkollegen bzw. des Rektors. Werden sie sie für verrückt halten oder ihrem Projekt zustimmen und sich evtl. sogar beteiligen? Kurz steigt das Gefühl in ihr hoch, es immer Allen Recht machen zu wollen. Eine Botschaft, die sie seit ihrer Kindheit kennt und die sie schon allzu oft von möglichen Änderungen und kreativen Lösungen abgehalten hat. Will sie dieses Projekt wirklich kongruent durchführen, muss sie sich damit auseinandersetzen und auch abgeneigte Kollegen in ihrer Haltung wertschätzen. Zuerst wird sie bei der Kollegin Frau S. Verständnis wecken und sie mit ins „Boot holen", denn gemeinsam kann diese Reise in einen fernen Unterrichtsstil noch mehr Freude machen.

Weiterführende Literatur

Beudels, W./Anders, W. (2008): Wo rohe Kräfte sinnvoll walten. Dortmund.
Garner, B. (2009): Ich hab's! Aha-Erlebnisse beim Lernen. Weinheim.
Largo, R. (2009): Schülerjahre. Wie Kinder besser lernen. München.

4.2 Personzentrierte Einzelberatung

Personzentrierte Einzelberatung orientiert sich an der Person des Schülers und dem in ihm liegenden Prozess der Entwicklung und Veränderung seines Selbstkonzepts.

Auch hier wird der Beratungslehrer, Sonderpädagoge, Schulpsychologe oder Schulsozialpädagoge den Rahmen festlegen, es sich im Einzelfall aber erlauben, darüber hinauszugehen, wenn er die Bedürfnisse des Schülers achtet (siehe Kapitel 4.1 Bedürfnispyramide).

Marvin und die Suche nach der richtigen Schule

In seiner Funktion als Mobiler Sonderpädagogischer Dienst (MSD) wird Herr H. an die Hauptschule zu dem 12-jährigen Schüler Marvin der 6. Klasse berufen. Der Junge wird von der Lehrerin aufgrund von Schulverweigerung, störendem Verhalten im Unterricht sowie aggressivem Verhalten seinen Mitschülern gegenüber angemeldet. Der Auftrag des Herrn H. lautet, herauszufinden, ob Marvin in der Regelschule verbleiben kann oder in eine Förderschule umgeschult werden muss.

Handlungsschritt 1: Eigene Rolle definieren

Als Sonderpädagoge hat Herr H. die Möglichkeit, den einzelnen Schüler mit seiner Entwicklungsgeschichte, seinem individuellen Leistungsvermögen, seiner aktuellen Problematik in den Fokus seiner Bemühungen zu stellen. Er versteht sich daher als individual-pädagogische Unterstützung der unterrichtenden Lehrkraft, die sich in Sorge um einen einzelnen Schüler an ihn wendet und oft aus Zeitgründen nicht in der Lage ist, sich auf ein einzelnes Kind intensiver einzulassen. Er hofft, mit seinen Interventionen die Beziehungsgestaltung von Lehrkraft und Schüler zu „entschlüsseln" und mögliche Lösungen für einen positiven Umgang mit den Beteiligten gemeinsam zu entwickeln. Er sieht sich auch als Kontaktperson, wenn außerschulische Maßnahmen veranlasst werden müssten.

Handlungsschritt 2: Planung der Einheiten

Herr H. hat für sich folgenden Bezugsrahmen festgelegt:
1. Er möchte den Schüler Marvin *kennenlernen und* seinen geistigen, körperlichen und seelischen Entwicklungsstand kennen, um ihn und die Lehrkraft gut beraten zu können → Schaffen einer sicheren angstfreien Arbeitsbeziehung.
2. Er möchte die Lehrerin in ihrer Beziehung zu Marvin *kennenlernen und* erfassen, wie sie den Schüler wahrnimmt, seine Probleme interpretiert, ihre Erwartungen und Haltungen gegenüber der Familie des Kindes reflektiert.
3. Er möchte die Eltern von Marvin *kennenlernen*, um den Schüler und seine Eltern im familiären Kontext zu verstehen.
4. Er möchte die Beziehung des Schülers zu seinen Angehörigen *verstehen lernen*; sie kann ihm Aufschluss über primäre Lern- und Sozialerfahrungen geben, die Marvin bereits in sein Selbstkonzept integriert hat.
5. Er möchte seine Informationen bündeln und mit dem Schüler und der Lehrerin gemeinsam weiterführende Hilfen entwerfen (z. B. Beziehungsgestaltung, therapeutische Hilfen, Förderunterricht ...).

Handlungsschritt 3: Inhaltliche Vorbereitung

Im besten Fall hat Herr H. fünf Behandlungseinheiten für ein ihm vorgestelltes Kind vorgesehen. Manche Kinder können sein Angebot, sich in einer sicheren angstfreien Umgebung mit ihren Fähigkeiten zu zeigen, schneller annehmen als andere. Personzentriert handeln bedeutet auch hier, den Schüler in seinen Bedürfnissen zu sehen und ihm offen und wertschätzend zu begegnen, also gegebenenfalls mehr Zeit für die jeweilige Einheit einzurichten. Immer dabei hat Herr H. sein „Ideenköfferchen", um für jedes Kind einen individuellen Schlüssel zum Kontaktaufbau parat zu haben (z. B. Steckbrief, Mimikwürfel, Schuppenspiel, Fragekärtchen, Starke Karten, Mein Name – Mein Programm, Fang-den-Ball-Spiel, Kimspiele).

Während seiner mobilen Beratungstätigkeit an Schulen hat Herr H. zwei wesentliche Erfahrungen gemacht:
- die Gestaltung der Arbeitsbeziehung zwischen ihm und dem Schüler wird wesentlich mitbestimmt von der Ankündigung der Lehrkraft

gegenüber dem Schüler, der zum Beratungslehrer gehen muss (darf, kann, …).
- die äußeren Rahmenbedingungen sind mit entscheidend für das Empfinden des Kindes, sich auf ein stärkendes Angebot einzulassen. Es spürt sofort die wertschätzende Haltung des Lehrers und der Schule gegenüber „schwierigen" Schülern.

In beiden Punkten findet Herr H. in der Hauptschule Marvins günstige Arbeitsbedingungen vor. Er konnte in einer Einführungsveranstaltung an der Schule von der Möglichkeit einer Einzelberatung über den Mobilen Dienst für Schüler informieren. Wichtig erschien ihm dabei, dass er in seiner Kompetenz als Sonderpädagoge nicht als der Experte oder der „bessere" Lehrer angesehen würde, sondern den Lehrkräften der Regelschule die Ziele und Inhalte individueller Förderangeboten nahe bringen konnte. Herr H. sieht in einer guten Kooperation von Regelschul- und Sonderpädagogen den Grundstein für erfolgreiche Inklusion an Regelschulen. Er weiß, was es für ein Kind bedeutet, wenn es aus dem Rahmen des Regelunterrichts heraus fällt. Es stellt die Bezugspersonen damit immer vor die Aufgabe, nach neuen Wegen und Perspektiven zu suchen. Marvins' Lehrkraft sieht den Mobilen Sonderpädagogischen Dienst als unterstützende Hilfe für sich und als Chance für Marvin. Sie fühlt sich nicht in ihrer Kompetenz als Regelschullehrerin angegriffen (*Kongruenz*) und öffnet mit ihrer Haltung die Türe zu einer neuen Beziehungserfahrung für Marvin. Die Lehrerin hat dem Schüler ihr Vorhaben kongruent und wertschätzend mitgeteilt: „Marvin, ich mache mir im Moment Sorgen darüber, ob wir beide es schaffen, dass du wieder Spaß an der Schule findest (*Selbsteinbringen*). Ich weiß, dass Kinder, die sich nicht mehr am Unterricht beteiligen können, meistens Sorgen haben und mit ihrem Kopf ganz woanders sind (*einfühlendes Verstehen/Konkretisieren*). Leider habe ich im Unterricht oft keine Möglichkeit, um mir die Geschichte des einzelnen Kindes anzuhören. Dafür kommt Herr H. zu uns in die Schule. Er lädt die Kinder zu sich in die Sprechstunde ein und kann dir oder einem anderen Kind mehr Zeit schenken. Ich möchte gerne, dass wir gemeinsam zu ihm gehen und du Herrn H. mal kennen lernen kannst (*Konfrontieren*)."

Die Lehrerin hat bewusst die Problematik in den Hintergrund gestellt. Marvin soll nicht mit dem Gefühl des „schuldigen Unterrichtsstörers" bei Herrn H. vorgestellt werden. So kann Marvin eine „Ahnung" davon bekommen, dass sowohl die Lehrerin als auch Herr H. es gut mit ihm meinen und ihn als Person wahrnehmen und schätzen, nicht nur, wenn er Probleme macht. Dies stellt eine gute Basis für die neue Beziehungsgestaltung und für Veränderung seines Selbstkonzepts dar. Auch gibt sie Marvin die Möglichkeit, Herrn H. erst einmal „anzuschauen" und somit das Gefühl zu bekommen, handlungsfähig zu bleiben. Gerade Kinder wie Marvin, die aufgrund ihres Verhaltens so oft als störend und aggressiv empfunden werden, haben das Bedürfnis, die Situation kontrollieren und bestimmen zu können. Das gibt innere Sicherheit, auch wenn außen Chaos herrscht. Ihre Ängste oder ihre Bedürfnisse nach Schutz und Bindung können sie auf diese Weise abwehren bzw. abschwächen. Es kann Marvin den Erstkontakt erleichtern, wenn er mit dem Gefühl reingeht: „Ich hab die Situation im Griff."

Das Lehrerkollegium hat sich mit dem Sonderpädagogen und der Sozialpädagogin der Nachmittagsbetreuung auf die Suche nach einem geeigneten Raum gemacht. Der geschützte Raum ohne Störfaktoren ist unerlässlich für die Anbahnung einer tragfähigen Arbeitsbeziehung.
In einem Nebenraum der Mittagsbetreuung findet Herr H. dauerhaft „Unterkunft" für seine Beratungsstunden und Materialien, die den Kontaktaufbau mit dem Schüler erleichtern. Jedes Kind, das aus dem Unterricht in eine Einzelberatung herausgenommen wird, fühlt sich anfangs unsicher, ängstlich. Es weiß noch nicht, was es erwartet. Kinder mit Hyperaktivität haben darüber hinaus die besondere Fähigkeit, Situationen schnell und ganzheitlich zu erfassen. Sie spüren sehr schnell, inwieweit ihnen mit unbedingter Wertschätzung begegnet wird. Diese drückt sich für sie auch in der Gestaltung der räumlichen Gegebenheiten aus.

Beispiele für die Zimmereinrichtung eines Beratungszimmers:
- Verschließbarer Schrank mit „Spielen für zwei", z. B.: Shut the box, Murmelmikado, SOS-Affenalarm, Ubongo, Kalaha, Tipp Kick, Turnover, Da Vinci Code, Flottenmanöver, Spickern, Phase 10, großes Mikado, Softbälle, Seifenblasen, Schaumstoffwürfel etc.
- Sogenannte „Handschmeichler", die der Schüler zur Überwindung seiner Anfangsunsicherheit jederzeit hernehmen kann, z. B.: Nagelbild, Sandbilder, Pendel, Schöne Steine, Murmeln, Muggelsteine,

Kiste mit Bällen aus unterschiedlichsten Materialien, Schale mit kleinen Tieren, Kiste mit Figuren, JoJo, etc.
- Malutensilien
- Sitzball als Schreibtischstuhl, damit das Kind seinen motorischen Bedürfnissen nachkommen kann
- Musik, evtl. Zimmerbrunnen, Aquarium
- Warme Lichtquellen

Handlungsschritt 4: Der erste Schritt in die Beziehung

Marvin betritt – in betont „cooler" Haltung – das Zimmer. Sofort positioniert er sich in der Mitte des Raumes, seine nonverbale Botschaft an den Pädagogen: „Ich bin ein Kämpfer, nimm dich in Acht vor mir!" Die Art, wie offen und scharf er Herrn H. in die Augen schaut, zeigt, wie geübt er darin ist, die Kontrolle über fremde Situationen zu gewinnen. Herr H. ist beeindruckt, deutet Marvins anscheinend aggressives Verhalten doch auf verschiedene Fähigkeiten hin, z. B. den Überblick behalten können, direkt auf jemanden zugehen können (lateinisch: aggredere, „sich an jemanden wenden", „heranschreiten", „zu gewinnen suchen", „etwas angehen"). Dies sind durchaus positive Fähigkeiten, die ihn als 12-Jährigen schon auszeichnen. Gleichzeitig spürt Herr H. in seiner Selbstwahrnehmung, dass ihn der Jugendliche mit seinem einnehmenden Auftritt auch verunsichern möchte. Ganz ruhig verbalisiert er: „Ich freue mich, dass du da bist. Ich sehe, dass du dich erstmal umschaust. Lass' dir Zeit. Dann möchte ich dir erklären, wie es hier bei mir abläuft." Herrn H. ist es wichtig, dass er die Führung über die Stunde behält und die Struktur für die nächsten Stunden vorgibt, denn auch das schafft Sicherheit für den Schüler. Marvin hat gelernt, dass er durch das Verunsichern der Erziehungspersonen in die führende Position gelangt, sich seine eigene Unsicherheit jedoch durch ständiges Agieren noch verstärkt. Marvin scheint kurz irritiert zu sein, sein Blick ist kurz nach innen gerichtet. In diesem Moment können neue Denk- und Handlungsprozesse entstehen. Er hält inne und erteilt Herrn H. nonverbal „Redeerlaubnis". Die erste Runde ist eröffnet.

Nachdem Herr H. sich und seine Funktion im Mobilen Sonderpädagogischen Dienst vorgestellt hat, fragt er den Jungen, ob er sich vorstellen könne, warum er da ist. Marvin antwortet (wie es Jugendliche sehr oft tun) mit: „Keine Ahnung". Damit signalisiert der Junge mehrere Botschaften, z. B.: „Ich habe wirklich keine Ahnung, bitte hilf mir dabei, es herauszufinden", aber auch „Du bist dran, zeig mir, was du drauf hast" oder „Ich bin mir nicht sicher, ob ich dir etwas von mir zeigen darf". Die Haltung des Lehrers in diesem ersten Kontakt ist von großer Bedeutung, entscheidet sich hier bereits sehr oft, ob der Jugendliche aus eigenem Antrieb zu den nächsten Terminen kommen wird oder nicht (vgl. Weinberger 2008, S. 154 f.).

Herr H. sagt Marvin, dass er ihm dabei behilflich sein kann, eine Ahnung davon zu bekommen. Er möchte dem Jungen demonstrieren, dass er weder der allwissende Erwachsene ist noch ein Zauberer, der erraten kann, was Marvin wirklich fehlt. Er gibt damit auch an Marvin Verantwortung für sein Handeln zurück. Mit einem „Mmh" zeigt der Junge seine Zustimmung. Herr H.: „Na, dann kann's ja losgehen mit dem gegenseitigen Kennenlernen."

Zuerst verfassen die beiden einen vorbereiteten Steckbrief „Wanted" mit körperlichen oder witzigen Eigenschaften, z. B. Schuhgröße, Lieblingsschauspieler, „stärkster" Körperteil usw. Am Schluss wird jeder Steckbrief mit einem echten Fingerabdruck versiegelt (Rechtschreibfehler werden nicht angesprochen). Dann kann sich jeder aus der Bällekiste einen Ball seiner Wahl aussuchen, der sich im Moment in der Hand am besten anfühlt. Herr H. kommt mit Marvin ins Plaudern darüber, dass der eine einen ganz harten Ball bevorzugt, der andere einen weichen, den er in der Hand kneten kann. So kann der Pädagoge über die Eigenwahrnehmung den Kontakt herstellen und den Respekt für verschiedene Empfindungen darstellen. Marvin spricht kaum, beobachtet intensiv, der Ball lädt ihn zu Bewegung ein; gleichzeitig spürt er durch das motorische Angebot Entlastung seiner anfänglichen Spannung. Mit „Was meinst du, mit welchem Ball kann man leichter in den Papierkorb treffen?" greift Herr H. den Wunsch des Jungen auf. Neben dem Zielwerfen befragt er Marvin, was er denn außer Ballspielen noch gern mache und was er gut kann. Er erfährt einiges über die Lebenswelt des Jugendlichen, der kaum Möglichkeiten hat, seinen Bewegungsdrang auszuleben. Er lebt mit seiner Mutter und den beiden Geschwistern in einer 70 Quadratmeter-Mietwohnung. Sie leben ohne Einkommen, nachdem die Mutter ihre Arbeit im Paketservice verloren hat. Die Kinder müssen sich ein Kinderzimmer teilen, seit vor kurzem auch noch der neue Lebensgefährte in die Wohnung eingezogen ist. Marvin erzählt Herrn H., dass er jetzt wohl bald wieder „rausgeschmissen" werde und ins Heim müsse, so wie damals, als sich die Eltern getrennt hatten und die Mutter mit den drei Kindern völlig überfordert war.

Der Sonderpädagoge nimmt die Aussagen Marvins empathisch zur Kenntnis, kann die Not und Bedürftigkeit des Jungen nun deutlich wahrnehmen. *Er versteht*, dass die Angst, nun vielleicht auch noch die Schule verlassen zu müssen, dem Kind jegliche Aufmerksamkeit und Motivation für den Unterricht wegnimmt.

Handlungsschritt 5: Ein Arbeitsbündnis schaffen

Am Ende der ersten Stunde erklärt Herr H. dem Schüler, dass er nun von verschiedenen Bereichen im Leben des Marvin erfahren durfte und bedankt sich für das Vertrauen, das ihm der Schüler entgegen gebracht hat. Er könne nun besser dabei helfen, dass es Marvin wieder gut in der Schule gehe. Aber nur, wenn Marvin wieder regelmäßig in den Unterricht komme. Er erklärt dem Jungen, dass er in der nächsten Stunde mit ihm herausfinden möchte, wo seine Stärken liegen. Diese wolle er dann mit der Lehrerin besprechen. Gemeinsam würde man sich anschließend die nächsten Schritte überlegen. Er habe den Eindruck, dass es zunächst darum geht, dass Marvin wieder einen guten Platz in der Schule und zu Hause findet.

Als Marvin in sein Klassenzimmer zurückgeht, wirken gerade die letzten Sätze des Lehrers bei ihm nach:
- Warum habe ich dem Lehrer so viel von zu Hause erzählt?
- Woher weiß er, dass ich nirgendwo einen Platz habe, wo es mir gut geht?
- Kann er mir wirklich helfen?
- Ob ich ihm wirklich glauben kann, was er da gesagt hat?
- Aber er ist der Einzige, der bis jetzt gesehen hat, was wirklich mit mir los ist.
- Das Ballspielen war echt cool, nächstes Mal besiege ich ihn ...
- Sollte ich doch lieber wieder in die Schule gehen?

Aus personzentrierter Sicht kann ein Beziehungsangebot dann zu Veränderungen in der Person führen, wenn die Möglichkeit besteht, den anderen Menschen, hier die Lehrkraft Herrn H., *in seiner Echtheit* zu erleben. Der Schüler Marvin kann über die Kongruenz des Lehrers erspüren, dass er ohne Bewertung als Person angenommen wird, und er kann diese neue Erfahrungen in sein Selbstkonzept integrieren. Hierfür schafft der Sonderpädagoge Raum und Akzeptanz (Bsp. aus der Erwachsenensicht: Auch wir werden uns bei einem Weiterbildungs- oder Selbsterfahrungskurs nur auf den Referenten einlassen, wenn wir mehr von ihm wissen bzw. seiner Kompetenz vertrauen). Bedeutend für den ersten Kontakt ist darüber hinaus, dass Herr H. den Schüler transparent und deutlich über seine nächsten Schritte aufklärt und dass Marvin dadurch, dass der Lehrer ihn versteht, sich in seinen Bedürfnissen wahrgenommen fühlt.

Handlungsschritt 6: Reflektieren und Verändern des geplanten Vorgehens

Schon nach diesem ersten Termin weiß Herr H., dass er seinen eigenen Bezugsrahmen der fünf vorbereiteten Termine zeitlich verlassen bzw. ergänzen muss: Er wird so bald wie möglich mit der Lehrerin reden müssen, auch wenn die Testungen über das Leistungsprofil des Jungen noch nicht abgeschlossen sind. Er möchte die Empathie der Lehrerin wecken, um Marvin im Unterricht zu entlasten und ihm den Schulbesuch zu erleichtern. Die Frage, ob Marvin in einer Förderschule seinem kognitiven Profil entsprechend besser aufgehoben ist, erscheint zu diesem Zeitpunkt zweitrangig. Er möchte die Lehrerin bitten, diese Aussage nicht als Druckmittel einzusetzen, wenn Marvin in seinem Verhalten wieder sehr anstrengend ist. Denn genau die Angst, „rausgeschmissen" zu werden, trägt er ja von zu Hause mit in die Schule. Auch eher als geplant wird er die Mutter zu einem Gespräch einladen, da Marvin Sicherheit braucht, ob die Absicht, ihn in ein Heim zu geben, wirklich existiert.

Herr H. weiß ebenso, dass er eine therapeutische Begleitung für Marvin in seiner Funktion nicht leisten kann. Er wird im Vorfeld bei möglichen außerschulischen Hilfen anklopfen (in anonymer Fallschilderung), um etwaige Wartezeiten zu verkürzen.

Handlungsschritt 7: Das Beratungsgespräch mit der unterrichtenden Lehrkraft

Herr H. hat sich für dieses Gespräch vorrangig drei Ziele gesteckt. Zum einen möchte er der Lehrkraft sein Verständnis dafür vermitteln, dass es überaus schwierig ist, Kinder wie Marvin in einer lebenskritischen Phase zu beschulen. Erwachsene können sich in einer Krise oft über gesellschaftlich anerkannte Krankheiten eine berufliche Auszeit nehmen; Kinder werden sehr schnell als „Schulverweigerer" tituliert. Auch wenn die Lehrkraft sich noch so sehr um das einzelne Kind bemüht, kann sie neben der Unterrichtung eine derart schwierige Lebenssituation schwer abfangen. Doch sie kann wiederum mit ihrer personzentrierten Haltung den Weg zu individuellen Hilfen bereiten. Dafür möchte sich Herr H. bei der Lehrkraft bedanken, denn Marvin „mag" seine Lehrerin, auch wenn er sich im Unterricht ständig mit ihr „zofft". Darüber ist nun die Lehrerin sehr überrascht. Sie dachte, dass Marvin sie ablehne, weil sie eigentlich nur noch am Schimpfen sei.

Als zweites Ziel möchte Herr H. der Lehrkraft kurz die Zusammenhänge in Marvins Lebens- und Erfahrungswelt darstellen. So kann sie besser erahnen, dass der Junge auf der Suche nach sicheren tragfähigen Beziehungen ist und sie als Klassenlehrerin eine dieser Beziehungen darstellt. Sie gibt dem Jungen Halt, auch und gerade wenn sie sich von seinen kämpferischen Gebärden nicht beeindrucken lässt. Die Lehrerin verwirft in diesem Moment den Gedanken, Marvin evtl. in eine andere 6. Klasse wechseln zu lassen.

Herrn Hs. dritte Fragestellung „Förderschule ja oder nein?" ist auch für sie in den Hintergrund geraten. Sie berichtet von einem sehr schwierigen Gespräch mit Marvins Mutter, die sie schon vor einigen Monaten zum Elterngespräch eingeladen hatte. Nun kann sie besser verstehen, warum die Mutter derart überreagiert hat, als sie ihr erklärte, dass sie sich mehr um die Belange des Kindes kümmern müsse, wenn Marvin in der Regelschule verbleiben wolle. Ihr Ärger auf die bissigen Antworten der Mutter ist nun wesentlich geringer geworden. Möglicherweise ist sie ebenso wie Marvin an ihrer psychischen Belastungsgrenze angekommen und fühlt sich in ihrem Selbstbild, eine „schlechte" Mutter zu sein, noch bestätigt.

Marvin sei nach ihrem Gespräch mit der Mutter im Unterricht noch schlimmer geworden, als müsse er nun aus Loyalität zur Mutter noch mehr gegen die Lehrerin ankämpfen. Während ihrer Schilderungen wird ihr bewusst, dass sich auch die Beziehung zwischen ihr und der Mutter auf das Verhalten Marvins auswirkt. Wie jedes Kind wünscht er sich eine Mutter, die von anderen Bezugspersonen, Lehrern, Bekannten geachtet wird und auf die er stolz sein kann.

Natürlich ist sie sofort damit einverstanden, dass Herr H. in der kommenden Woche Marvin noch öfter aus dem Unterricht holt. Ihr selbst kommt der Gedanke, ob sie Marvin anbieten soll, zu ihr in den Deutsch-Förderunterricht zu kommen. In dieser kleinen Gruppe von Schülern der 6. Klassen mit Entspannungs- und Erzählangeboten kann sie besser auf jedes Kind eingehen und Marvin könnte sich vielleicht eher mitteilen als im regulären Unterricht. Auch wird sie mit dem Rektor reden, ob Marvin direkt in die Nachmittagsbetreuung einsteigen könnte, auch wenn die Finanzierung noch nicht geklärt ist und dies normalerweise während des Schuljahres nicht möglich ist. So könnten Marvin und seine Familie sofort entlastet werden, bis eine Entscheidung über den Schulverbleib oder eine Heimunterbringung herbeigeführt ist.

Herr H. ist erleichtert, verteilt sich doch die pädagogische Verantwortung nach diesem Gespräch auf mehreren Schultern. Kinder, die sich in einer schwierigen Lebenssituation befinden und nicht mehr aktiv am Unterricht teilnehmen können, werden dieses Netzwerk als „übergeordnetes" Beziehungsangebot wahrnehmen und spätere Hilfsangebote eher annehmen können.

Marvin kommt nun freiwillig in die Einzelberatung, die Herr H. so gestaltet, dass es zuerst ein „Pflichtprogramm" gibt (Test, Fragebogen) und dann die „Kür", wo Marvin sich hauptsächlich im Wettkampfspiel mit dem Pädagogen messen will. In seinem Selbsterleben kann er die Erfahrung machen, dass Kämpfen und sich Messen einen altersadäquaten Kontakt zum Gegenüber herstellt und sogar noch Spaß machen kann.

An dieser Stelle des Fallbeispiels wird abermals deutlich, dass Herr H. mit seiner personzentrierten Haltung und seinen personzentrierten Gesprächstechniken quasi den ersten Dominostein angestoßen hat in einem Prozess, der nicht nur für Marvin, sondern auch für die Lehrkraft und nicht zuletzt für die gesamte Schule Veränderungen herbeiführen wird.

Der Rektor hat dem Einstieg Marvins in die Nachmittagsbetreuung sofort zugestimmt; seine Kontakte zum Jugendamt sowie zum Bürgermeister der Stadt und zum Elternbeirat erlauben ihm, die Finanzierung übergangsweise zuzusichern. Marvin kommt wieder täglich zum Unterricht, das „Stören" nagt merklich weniger an den Nerven der Lehrerin. Sie ist klarer und reagiert vorausschauender in ihren pädagogischen Interventionen, worauf solche Situationen unter den Kindern nicht mehr so eskalieren. Für die Teilnahme an der Einzelberatung und der Nachmittagsbetreuung muss die sorgeberechtigte Mutter zustimmen.

Handlungsschritt 8: Der Kontakt zu den Bezugspersonen

Der Sonderpädagoge Herr H. steht erneut vor der Frage, ob er seinen geplanten Bezugsrahmen verlassen muss. Am Telefon hat er von der Mutter Marvins erfahren, dass sie kein Auto mehr besitzt und nur schwer in die Schule zu einem Gespräch kommen kann. Es gibt nur zwei Alternativen. Entweder er wertet die Aussage der Mutter als Desinteresse und verzichtet darauf, die Mutter in den Prozess mit einbeziehen zu wollen, oder er bietet der Mutter an, sie zu Hause zu besuchen. Gerade im Fall Marvin erscheint es Herrn H. jedoch von größter Bedeutung, dass er von der Mutter mehr erfährt bzw. die Beziehung zwischen ihr, ihrem Sohn und der Schule ohne Bewertung erfassen kann. Er vermutet, dass er die Person „Marvin in der Schule" nur in Verbindung mit seinem familiären Kontext wirklich verstehen kann.

In der Vorbereitung auf das Gespräch reflektiert Herr H. vor allem seine Grundhaltungen. Wird er das Bild der Mutter, das ohne sein Wollen in seinen Gedanken kursiert, vor dem Gespräch noch loslassen und ihr wirklich unvoreingenommen begegnen können? Wird er der Mutter ‚Unbedingte Wertschätzung' und ‚Einfühlendes Verstehen' entgegenbringen können? Kann er sein Gefühl der Unsicherheit vor seinem ersten Hausbesuch noch ablegen? Selbstreflexion erscheint ihm die wichtigste Einstimmung auf das Gespräch zu sein. Auf einem Handzettel hat er einige Gesprächsinhalte notiert: Informationen über Tests, Einzelberatung und Nachmittagsbetreuung, therapeutische Angebote, Heim und Förderschule.

Die Mutter wirkt deutlich unsicher, als Herr H. zur Familie Marvins kommt. Noch nie war jemand von der Schule bei ihr zu Hause. Dennoch fühlt sie sich ein wenig geehrt, dass sich Herr H. auf den Weg zu ihr gemacht hat. Auch sie versucht, ähnlich wie Marvin, ihre Unsicherheit mit sehr viel Reden zu überspielen. Herr H. hört den sehr zugewandten und liebevollen Ton der Mutter, wenn sie von ihren Kindern spricht, aber auch sehr viel Enttäuschung über die Institutionen des Schulsystems. Sie fühlte sich oft allein gelassen in der Erziehung und mit großen Vorwürfen und vielen Ratschlägen überschüttet. Jahrelang habe sie die halbe Nacht Pakete ausgefahren, ein paar Stunden geschlafen und dann die Kinder für die Schule versorgt. Der Vater habe sich nie um die Kinder gekümmert, sei eines Tages einfach weg gewesen. Sie weiß, dass Marvin die Trennung von seinem Vater noch immer nicht ganz verkraftet hat. Es sei zu dieser Zeit sehr schwierig mit ihm gewesen. Sie glaubt, er gebe sich selbst die Schuld daran, dass der Papa weg ist. Damals dachte sie, dass er als das älteste ihrer Kinder in einer therapeutischen Wohngruppe besser gefördert werden könne als zu Hause. Sie meint, dass Marvin ihr dies nie verziehen hätte, obwohl sie doch nur auf die Empfehlung des Jugendamtes gehört habe. Herr H. fragt kurz nach, ob sie Marvin auch heute wieder ankündigen würde, dass er in ein Heim müsse, wenn sich die Probleme in der Schule zuspitzten. Dies verneint die Frau ausdrücklich. Nie mehr werde sie sich entgegen ihrem Bauchgefühl beeinflussen lassen. Man sehe ja, was dabei herauskommt. Jetzt, wo es ihr seit langer Zeit mit ihrem neuen Partner endlich wieder gut gehe, beginne der ganze Zirkus von Neuem.

Der Sonderpädagoge kann dem Mitteilungsbedürfnis der Mutter entgegenkommen, er wird sich später aus seinen Notizen wichtige Bausteine herausholen können. Sein verstehendes Zuhören allein entlastet den Druck der Mutter. Mit der Frage, wie sie die Fähigkeiten ihres Jungen einschätze, lenkt Herr H. das Gespräch hin zu Marvin und der weiteren Vorgehensweise. Sie schildert Marvin als den „Schlausten" ihrer drei Kinder. Er sei sehr selbständig, habe als Ältester oft erzieherische Aufgaben für die Kleinen übernehmen müssen. Im Begreifen habe er nie Probleme gehabt, könne sich Dinge merken, die oft jahrelang zurückliegen.

Die Mutter beschreibt in ihren Worten Fähigkeiten, die durchaus einem Begabungsprofil eines Hauptschülers entsprechen. Auch die Auswertung der Tests durch Herrn H. ergibt ein homogenes durchschnittliches Leistungsbild. Eine leichte Rechtschreibschwäche des Jungen könnte in dem Deutsch-Förderunterricht gut ausgeglichen werden.

Und doch müssen sich noch weitere Bedingungen erfüllen, damit Marvin an der Regelschule verbleiben kann.

Herr H. weist die Mutter darauf hin, dass Marvin nur mit vereinten Kräften in der Regelschule Fuß fassen wird. Er sichert ihr zu, dass sich ihre Erziehungsaufgabe entlasten könne, wenn Marvin auch nachmittags in schulische Angebote eingebunden würde. Dem kann die Mutter zustimmen.

Durch die Einbeziehung der Mutter hat Herr H. einen Weg bereitet, der eine Annäherung des Familiensystems an die Schule bewirken kann. Die biografischen Schilderungen der Mutter deuten auf kommunikative Verständigungsprobleme zwischen ihr und institutionellen Mitarbeitern hin, die sie in ihrer Erziehungskompetenz eher geschwächt als gestärkt haben (vgl. hierzu Satir 2009, S. 148: „*Wie-Fragen* führen zu Information und Verstehen. *Warum-Fragen* erzeugen Verteidigungshaltung. Und alles, was zu einer Abwehrhaltung beiträgt, erniedrigt den Selbstwert und kann zu unbefriedigenden Ergebnissen führen.")

Die Kinder und insbesondere Marvin haben als Erfahrung integriert, dass man sich als Einzelkämpfer durchschlagen muss, dass man nicht um Hilfe bittet, weil einem sowieso niemand helfen kann und dass man sich immer verteidigen muss, auch wenn man eigentlich gar nichts dafür kann. Diese Haltung des familiären Bezugssystems erschwert noch so wohlwollende Bemühungen aktueller Erziehungspersonen und lässt vorerst wenig Annäherung zu. Nur wenn Marvin die Zeit und die Möglichkeit hat, positive Beziehungserfahrungen in der Schule zu machen, kann er neue veränderte Haltungen in sein Selbstkonzept integrieren (siehe Fall 3). Marvins individuelle Förderschwerpunkte liegen also derzeit im Aufbau emotionaler Sicherheit und dem Schaffen einer angstfreien Lernatmosphäre (siehe Bedürfnispyramide aus Fall 1). Danach werden soziale Akzeptanz und der Aufbau von zwischenmenschlichen Beziehungen und Zugehörigkeit Bedeutung für ihn erlangen. Der Wunsch nach Respekt und Wertschätzung, verbunden mit dem Gefühl der Selbstachtung müssen für ihn auch im schulischen Kontext erst abgedeckt werden, um sein in ihm liegendes Potential aktivieren zu können. Für diesen Prozess wird sehr viel Zeit und Geduld der unterrichtenden Lehrkräfte nötig sein.

Marvins Beziehungsgefüge ist geprägt von Trennung, Krisen und Beziehungsabbrüchen. In seiner Selbstwahrnehmung trägt er Schuld an den gescheiterten Beziehungen und überträgt diese Einschätzung auf die Gestaltung neuer Beziehungen. Immer dann, wenn sich in der Interaktion ähnliche problematische Situationen eröffnen, erwartet er, dass sich der Mensch von ihm abwendet und die Beziehung abbricht. Die unausgesprochene von ihm wahrgenommene Androhung der Mutter, er müsse wieder ins Heim, beschreibt seine tiefe Angst vor erneuter Zurückweisung. Mit einer klaren und deutlichen Zusicherung, dass Marvin in der Schule verbleiben kann, ist momentan das Angebot einer tragfähigen Beziehung „Marvin – Schule/Lehrkraft" eröffnet. Herr H. hat den Jungen jedoch auch als bindungsfähigen und sozial sehr empfindsamen Menschen kennen gelernt. Er vertraut darauf, dass Marvin das Angebot annehmen kann.

Handlungsschritt 9: Weiterführende Hilfen für Marvin

Mit dem Wissen über diese Beziehungszusammenhänge werden die Lehrkräfte Marvin mit anderen Augen sehen lernen und auftauchende Konflikte als Bindungsruf von Marvin und nicht als persönlichen Angriff erkennen.

Herr H. möchte seine Informationen und die Erfahrungen mit Marvin und seinen Eltern noch an das Lehrerkollegium übergeben. Er möchte demonstrieren, dass Marvins Platz in eben jener Hauptschule ist und er diesen nur unter Mitwirkung vieler Kollegen finden könne. Dies ist der stabile Ausgangspunkt für die weitere Entwicklung Marvins, zu dem er als Mobiler Sonderpädagogischer Dienst einen Teil beitragen konnte. Personzentriertes Handeln ist immer ein Prozess gegenseitiger Weiterentwicklung und ehrlicher Austausch auch in schwierigen Situationen. Hier kann er anregen, dass sich die Lehrer auch in Zukunft an ihn wenden können, wenn sie im Umgang mit Marvin an ihre Grenzen stoßen. Darüber hinaus hat der Sonderpädagoge Kontakt zu einem niedergelassenen Kinder- und Jugendlichentherapeuten aufgenommen, wo Marvin im geschützten therapeutischen Raum außerhalb der Schule eine weitere positive Beziehungserfahrung erleben kann.

Weiterführende Literatur

Bergsson, M./Luckfiel, H. (2010): Umgang mit „schwierigen" Kindern. Berlin.

Langer, I./Langer, S. (2005): Jugendliche begleiten und beraten. München.

Weinberger, S./Papastefanou, Ch. (2008): Wege durchs Labyrinth. Weinheim.

4.3 Personzentrierte kollegiale Fallberatung in der Schule

Im folgenden Beispiel der praktischen Umsetzung des Personzentrierten Ansatzes in der Schule wird ein *Modell der kollegialen Fallberatung* im Lehrerkollegium vorgestellt. Die meisten Menschen, die einen pädagogischen Beruf gewählt haben, verfügen über Kräfte und Fähigkeiten, die sie in ihrer beruflichen Wirklichkeit oft nicht ausreichend zeigen können. In diesem Beispiel geht es darum, wie sich durch einen offenen Austausch und Bündelung dieser individuellen Ressourcen eine Mit- und Umgestaltung institutioneller Rahmenbedingungen im Dienste einer Schülerin verwirklichen lässt.

Elvira in der Krise

Elvira ist ein stilles zurückhaltendes 15-jähriges Mädchen russischdeutscher Herkunft. Die Familie lebt seit ihrem 3. Lebensjahr in Deutschland. Sie besucht die 9. Klasse der Realschule mit durchschnittlichen bis guten Noten. Vor einigen Tagen hat eine Freundin Elviras, Katharina, der Religionslehrerin Frau S. anvertraut, dass Elvira schon seit längerer Zeit immer wieder an ihren Armen ritze. Elvira habe ihr erzählt, dass sie sich aus einem Fenster habe fallen lassen und hätte tot sein können. Die Freundin kann Elvira nicht dazu bewegen, sich Hilfe zu suchen. Katharina möchte auf keinen Fall, dass sie der Auslöser für ein familiäres Drama wird, hat aber Angst, ihre Freundin tue sich noch Schlimmeres an. Die Jugendliche glaubt nicht, dass Elvira „nur so zum Spaß an sich rumschnitze", wie manche anderen Mädchen in ihrem Alter.

Immer wieder werden Pädagogen in derart kritische Notlagen eines Schülers „eingeweiht" (z. B. auch bei sexuellem Missbrauch) und geraten in heftige Gewissenskonflikte. Was gilt es zu tun? Mit raschen oft unbedachten Aktionen manövriert man sich aus seiner eigenen Hilflosigkeit und richtet oft mehr Schaden an als dem Jugendlichen wirklich zu helfen. Die Tatsache, dass über ihn hinweg gehandelt und entschieden wird, hinterlässt beim Jugendlichen häufig umso größere Ohnmachtsgefühle und er zieht sich noch mehr zurück. Seine Not, die kurz ans Tageslicht kommt, wird dann oft für Jahre wieder zugeschüttet.

Hier – gerade *in einer Krisensituation* – ist ein personzentriertes Vorgehen von größter Bedeutung. Wenn nicht in einer Krise, wann dann benötigt ein Mensch intensivere persönliche Unterstützung? Wir gehen im Personzentrierten Ansatz davon aus, dass auch Krisenintervention in engem kongruenten Beziehungskontakt unter der Führung des Individuums stattfinden müssen und nicht als feststehendes Programm durchgeführt werden können. Die Wertschätzung und Integrität der hilfesuchenden Person muss zu seinem Schutz gewahrt bleiben. In feinster empathischer Abstimmung zwischen dem Menschen, der in Not ist, und dem helfenden Menschen müssen Lösungen Schritt für Schritt erarbeitet und Handlungen geplant werden. Der notleidende Mensch hat sich ganz bewusst eine bestimmte Person „ausgesucht" und dieser Schritt hat ihn oft sehr viel Mut und Überwindung gekostet; er setzt großes Vertrauen darauf, dass sie ihn auf dem Weg durch die Krise begleitet. Dieser Person, sehr oft eine Lehrerin der Schule, kommt daher eine bedeutende Rolle für den weiteren Verlauf zu.

Handlungsschritt 1: Die pädagogische Verantwortung verteilt sich auf mehrere Personen

Die Lehrerin Frau S. ist völlig unvorbereitet und auch nur indirekt als eine Hauptperson in das Leben von Elvira getreten. Warum nur tut sich das Mädchen das an? Sie weiß, dass sie mit Fragen wie diesen nicht weiterkommt.

Nicht nur, weil es rechtlich von ihr erwartet wird, sondern auch als Hilfesuchende wendet sie sich am gleichen Tag an den Rektor ihrer Schule. Dieser beruft so bald als möglich eine Lehrerkonferenz mit allen unterrichtenden Lehrern der 9. Klasse, der Beratungslehrerin und der Verbindungslehrerin ein. Aus diesem Kollegium wird eine kleine Arbeitsgruppe um die Religionslehrerin Frau S. formiert, die Möglichkeiten zu intervenieren entwickeln soll.

In einer Grafik hat der Rektor die verschiedenen Bezugssysteme aufgezeichnet, die einen „beschützenden Mantel" um die betroffene Jugendliche im System Schule darstellen. Diese Darstellung unterscheidet sich auf den ersten Blick nicht vom herkömmlichen hierarchischen System, das in der Schule vorherrscht. Der Rektor demonstriert hier jedoch aus der *Sicht der Schülerin* die Beziehungsnähe bzw. -distanz zu den etwaigen Ansprechpartnern.

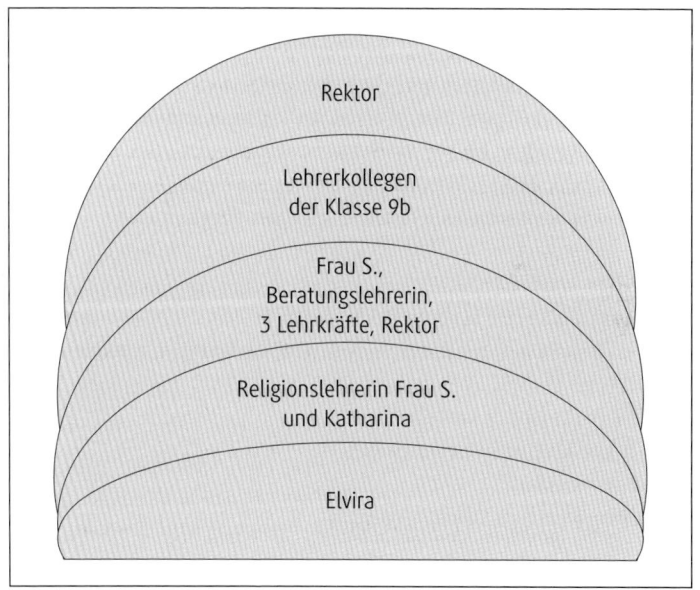

Mit wem das Mädchen letztendlich in Beziehung treten wird und *ob überhaupt*, ist zu diesem Zeitpunkt völlig offen. Zeigen ihr jedoch alle beteiligten Personen ihres Systems, dass sie sie auch *mit* ihrer Krise annehmen und sich ehrlich darum bemühen, ihr Verhalten ohne Bewertung zu verstehen, ist die Wahrscheinlichkeit wesentlich größer, dass das Mädchen sich an eine Bezugsperson wenden wird.

In der Regel wird die Schülerin als erstes ins Rektorat zitiert, wo dann die „eingeweihte" Lehrerin, evtl. die Beratungslehrerin, und der Rektor die Jugendliche nach ihren Sorgen und Nöten befragen und verschiedene Hilfen anbieten, z. B. mit den Eltern zu reden, den Schulpsychologen anzufordern, das Jugendamt einzubinden usw.

Gerade in pubertären Krisen wird das Verhalten der Lehrerin, die sich sofort an den Rektor gewandt hat, von Jugendlichen als großer Vertrauensbruch gewertet. Des Weiteren spüren die Jugendlichen die Hilflosigkeit des Lehrers, der sie selbst nicht kongruent begleiten kann. Beides ist einem Lösungsprozess nicht zuträglich.

Handlungsschritt 2: Mögliche Beziehungsangebote gestalten sich

Im Vorgehen an dieser Schule werden dem Mädchen Elvira nur Wege geebnet, die es dem Mädchen möglich machen, auf Beziehungsangebote einzugehen. Ebenso wie bei Marvin im vorangegangenen Beispiel kann nur sie entscheiden, ob sie das Angebot annimmt oder nicht. Folgende Fragen hat der Rektor den Kolleginnen und Kollegen als Struktur für diesen und alle weiteren Fälle zur Diskussion eingebracht:

Auf der Seite der Schule:
„Wer *sind wir* und was hat für uns Bedeutung?"
- Frage nach den Ressourcen der Lehrer im Umgang mit Krisen von Schülern

„Was *können* wir für Elvira leisten?"
- Frage nach konkreten Interventionen

„Was *müssen* wir leisten?"
- Frage nach rechtlichen Absicherungen

Auf der Seite der Schülerin:
„Was hat für Elvira *Bedeutung?*"
- Was ist sie für ein Mensch?

„Was *braucht sie*, um aus der Krise zu kommen?"
- Elviras Bedürftigkeit erkennen

„Wer kann der Jugendlichen *emotionale Sicherheit* für Veränderung geben?"
• Wer ist der passende Ansprechpartner?

Handlungsschritt 3: Ressourcen und Kompetenzen der Lehrkräfte erfassen

„Wer sind wir und was hat für uns Bedeutung?" – In dieser Phase der Fallberatung setzen sich die Lehrkräfte mit ihren Erfahrungen bei menschlichen Krisen ihrer Schüler auseinander. Ziel ist es, dass eine kongruente Haltung im Kollegium entwickelt wird, wie der einzelne Lehrer mit kritischen Situationen in der Schule umgeht. Jeder Lehrer hat die Möglichkeit zu schildern, welche vergleichbaren schwierigen Lebenssituationen von Schülern er miterlebt hat und wie sich Lösungen gestaltet haben.

Wie wir wissen, sind die Eigenwahrnehmung und die Wahrnehmung der persönlichen Grenzen – man kann nicht in jeder Lebenslage kongruent sein – sehr hilfreich. So wird z. B. eine Lehrerin, die selbst gerade in einer Trennungsphase steht, die Krise eines Schülers mit Trennungsproblematik anders wahrnehmen als eine andere Lehrkraft. Diese Grenzen müssen von allen Lehrkräften und dem Rektor respektiert werden.

In diesen Bereich gehört auch abzuklären, welche Lehrkraft psychische, physische und vor allem auch zeitliche Kapazitäten frei hat, um sich für einen einzelnen Schüler zu engagieren. Es gilt ebenso zu eruieren, ob es Lehrkräfte gibt, die evtl. fachliche Zusatzausbildungen für psychische Probleme oder Fortbildungen für Krisenintervention besucht haben.

„Was können wir leisten?" – In der aktuellen Situation mit Elvira kann das Kollegium die Arbeitsgruppe in ihren Bemühungen gedanklich unterstützen und teilhaben an den einzelnen Interventionsschritten. Frau S. sollte darauf vertrauen können, dass sie den Rektor und die Kollegen in ihren Entscheidungen hinter sich hat.

Außerdem können die Lehrer der Klasse 9b Elvira in den nächsten Stunden bewusster und behutsamer wahrnehmen und sie dahingehend stärken, dass jeder versucht, sie im Unterricht zu entlasten. Der Deutschlehrer kann z. B. eine Auswahl von Texten vorstellen, wovon ein Text modellartig eine vergleichbare Situation schildert und in dem mögliche Alternativen für die Schülerin aufgezeigt werden. Hierzu gehört auch, dass die Jugendliche nicht vor der Klasse zur Rede gestellt oder nicht bewertet wird, wenn sie sich in einer erkennbar bedrückten Tagesverfassung befindet.

Unauffällige, weil sehr ruhige und zurückhaltende Kinder und Jugendliche, werden oft nicht in dem Maße mit der Aufmerksamkeit des Lehrers „beschenkt" wie Kinder, die sich durch störendes oder lautes Verhalten einbringen. Die Physiklehrerin äußert treffend: „Ich habe Elvira bis jetzt nur als einen Schatten wahrgenommen, habe noch nie mit ihr gesprochen. Es tut mir leid, aber andere Schüler binden meine Aufmerksamkeit und der Druck, mit dem Stoff durchzukommen, lässt mir oft keine Zeit, mich für die ruhigeren Schüler zu engagieren."

Diese „Hintergrundarbeit" mit personzentrierter Haltung kann demnach jedem Schüler in jedem Fach zugute kommen. Ein hohes Konfliktpotential und tiefgreifende Selbstwertfragen gehören auch zu einer gesunden pubertären Entwicklung. Sich für diese Thematik im Unterricht zu sensibilisieren, ist eine schwierige, aber wertschätzende Herausforderung an die Unterrichtenden jugendlicher Schüler.

Zur Beantwortung der Frage „Was *können* wir leisten?" ist ferner notwendig, sich im Lehrerkollegium gegen andere Einrichtungen abzugrenzen. Schule kann nicht therapeutische Einzelarbeit leisten, kann nicht Jugendhilfemaßnahmen ersetzen, kann nicht polizeiliche Aufklärungsarbeit leisten. Sehr häufig erfahren die Lehrer, die die erste Anlaufstation des Schülers in der Krise gewesen sind, nichts mehr über die wirklichen Ursachen oder die weiter veranlassten Maßnahmen. Dies hinterlässt oft ein Gefühl, die Einzelfallarbeit nicht abgeschlossen oder etwas versäumt zu haben. Auch dies auszuhalten, ist ein Prozess, mit dem sich die Lehrer auseinandersetzen müssen.

„Was *müssen* wir leisten?" – Am Ende dieser Arbeitsphase steht im Kollegium fest, dass es zur Leitkultur an dieser Schule gehört, nicht wegzuschauen, wenn von Problemen eines Schülers die Rede ist. Fest steht auch, dass das Team der Lehrer mit dieser Haltung nun diejenigen unterstützt, von denen konkrete Entscheidungen oder Interventionen verlangt werden.

Auch im Fall von Elvira muss gehandelt werden. Es muss ein Helfernetz zusammengestellt werden, das im Zweifelsfall sofortige Maßnahmen einleiten kann. Die Frage, ob die Eltern noch vor einem Gespräch mit Elvira informiert werden müssen, ist aus juristischen und psychologischen Gesichtspunkten sehr schwierig und zu diesem Zeitpunkt noch nicht zu beantworten. Das Kollegium entscheidet sich dafür, erst alles zu versuchen, um Kontakt zu Elvira und ihrer Not zu bekommen. Hier kommt der Religionslehrerin Frau S. eine verantwortungsvolle Aufgabe zu.

Handlungsschritt 4: Die Beziehungen klären

Elvira und Katharina, Katharina und Frau S., Elvira und Frau S.
Die Lehrerin möchte in der Kleingruppe ihren nächsten Handlungsschritt planen und braucht Unterstützung. Frau S. muss erst mehr von Elvira erfahren, um nicht mit zu schnellem Handeln das Vertrauen von Elvira ganz in Frage zu stellen. Was ist das für ein Mädchen, von dem man so wenig weiß? Wer kennt die Eltern, wie leben sie hier in Deutschland? Gab es schon Geschwister an der Schule? Was tut sie neben der Schule, in welchen Freizeitgruppen ist sie integriert? Mit welchen Mädchen außer Katharina ist sie noch befreundet? Wer von den Lehrern hat einen Zugang zu Elvira, mit wem spricht sie?

Um in diese Fülle von Fragen Ordnung zu bringen, wendet die Arbeitsgruppe das personzentrierte Fallbearbeitungsschema der *„Reflektierten Beobachtung"* an. In diesem Modell werden verschiedene Betrachtungsweisen über den betroffenen Menschen mit eigenen Sichtweisen des Betrachters in Zusammenhang gebracht. So entsteht ein differenziertes Bild individueller Kompetenzen, die den Ausgangspunkt der entstehenden Beziehung darstellen. Das Modell der *Reflektierten Beobachtung* wird in der kollegialen interdisziplinären Fallbesprechung in der Heim- und Sonderpädagogik angewendet (Mohr-Modes 2005).

Im Unterschied zur pädagogischen Verhaltensbeobachtung, die ihre Informationen aus der standardisierten Beobachtung vom Verhalten ableitet, werden hier die Selbstwahrnehmung und theoretische Annahmen der beobachtenden Person einbezogen und in Beziehung zur Person, auf die die Aufmerksamkeit gerichtet ist, gesetzt (vgl. Martin 2006).

Diese Methode kommt den arbeitsteiligen Bemühungen einer Fallberatungsgruppe sehr entgegen, da Informationen von mehreren Personen gesammelt werden können, z. B. theoretische Hintergründe,

Fallbearbeitungsschema „Die Reflektierte Beobachtung"

Objektive Sichtweise/Fremdwahrnehmung	Interobjektive Sichtweise/Theoretischer Hintergrund
Hier werden alle Beobachtungen gesammelt, die im *schulischen* Kontext von der Schülerin gemacht werden können, *z. B. im Einzelfall Elvira:* • *Wie ist das Leistungsprofil Elviras? (Thema Über-/Unterforderung)* • *Wie ist Elvira in der Klasse integriert? (Thema Mobbing, Interaktion)* • *Welche Fähigkeiten und Stärken kann sie zeigen?* • *Welchen Kontakt zu den Bezugspersonen gibt es?* • *Seit wann gibt es Hinweise auf Probleme, seit wann hat sich die Schülerin zurück gezogen?*	Hierzu zählen alle im Kollegium gemachten inhaltlichen Erfahrungen und theoretische Annahmen bezüglich des Verhaltens der Schülerin, *z. B. zum Verhalten Elviras:* • *Wie verhält es sich mit der Psychodynamik eines Menschen mit selbst verletzendem Verhalten?* • *Wie leben Familien mit russisch-deutscher Herkunft, welche Erziehungsziele, Werte gibt es?* • *Was passiert in pubertären Krisen?* • *Welche außerschulischen Kontaktstellen gibt es?*
Subjektive Sichtweise/Selbstaussagen der Schülerin	**Intersubjektive Sichtweise/Selbstwahrnehmung der Lehrerin**
Hier finden sich für die konkrete Situation relevante Aussagen bzw. Haltungen wieder, die die Schülerin verbal oder nonverbal mitteilt, *z. B. mögliche Botschaften Elviras:* • *Ich muss alleine mit meinen Problemen fertig werden* • *Ich habe keine Hoffnung, dass jemand meine Nöte sehen kann.* • *Ich muss meine Gefühle unter Kontrolle haben, damit niemand mich fragt, was los ist.* • *Ich darf keine Hilfe erwarten oder annehmen.* • *Wenn ich nicht zeige, dass ich verletzlich bin, werde ich auch nicht mehr verletzt.*	Die Lehrerin setzt sich *reflektiv* mit der Thematik des bevorstehenden Kontaktes auseinander, *im Fall Elvira z. B.:* • *Wie erlebe/erlebte ich kritische Lebenslagen, insbesondere in der Jugend?* • *Was habe/hätte ich damals gebraucht?* • *Was beeinflusste den Ausgang bzw. die Lösung der Krise?* • *Wie verhalte ich mich, wenn ich unter Druck stehe? Verzweifelt bin? Verletzt werde?* aber auch: • *Was ängstigt mich, wenn ich an die Begegnung mit Elvira denke?* • *Wo erkenne ich Gemeinsamkeiten zum Erleben von Elvira?* • *Was ist mir wichtig, was möchte ich Elvira mitteilen?*

Daten aus der Schülerakte etc. Das Verhalten der beobachteten Person wird nicht bewertet, sondern vielmehr mit der „wahrnehmenden Person" des Betrachters ergänzt bzw. reflektiert. Dadurch entsteht ein größtmöglicher objektiver Handlungsrahmen für den betroffenen Menschen. Die direkt in Kontakt stehende Person kann ihre inneren Haltungen überprüfen und im personzentrierten Sinne an Kongruenz, Wertschätzung und einfühlendem Verstehen gewinnen.

Die Lehrerin Frau S. kann quasi schon vor dem persönlichen Kontakt gedanklich in Beziehung treten zu Elvira und sich in das Erleben und die Lebenssituation der Schülerin „einfühlen", oder wie Baer (2005, S. 126) zum Thema Verletzlichkeit betont: „Das grundlegende Wissen um diese Gemeinsamkeit kann uns Menschen darin bestärken, die Chance zu ergreifen, uns über unsere Verletzungen und unsere Verletzlichkeit mit anderen Menschen auszutauschen."

Handlungsschritt 5: Den ersten Kontakt konkret gestalten

Der nächste Punkt gilt der Beziehungsgestaltung in dem Dreieck Katharina – Elvira – Frau S.

Frau S. kann nicht direkt auf Elvira zugehen, weil sie ja offiziell nichts von ihrem Dilemma weiß. Sie kann Katharina nicht in den Rücken fallen, doch sie *muss* das Mädchen dazu bewegen, dass sie vor Elvira dazu steht, diesen Schritt gegangen zu sein, ohne ihr Vertrauen zu verlieren.

Als Unterstützung hat die Lehrerin einige Sätze aufgeschrieben, die Katharina ihrer Freundin mitnehmen kann, wenn sie möchte (z. B. „Liebe Elvira, bitte informiere mich, wer von deinen Problemen weiß oder wissen darf. Es wird nichts passieren, was du nicht mit entscheiden kannst. Du kannst dich zu jeder Zeit an mich wenden"). Sie erklärt Katharina die Vorgehensweise und ihre Rolle ganz ähnlich, wie der Rektor dies am Schaubild der Schutzmäntel für das Lehrerteam gemacht hat. Die Lehrkraft möchte Katharina deutlich machen, dass es eine Verantwortung gibt, die aus Sorge um einen Menschen zum Handeln zwingt, und dass sie dabei nicht alleine gelassen wird. Sie äußert ihre Wertschätzung, dass die Jugendliche den Mut aufbrachte, sich an sie zu wenden. Auch zeigt Frau S. ihr Verständnis für Katharina, wie schwierig die Entscheidung ist und erzählt von einem Beispiel, wo sie, die Lehrerin, davon erfuhr, dass in der Nachbarschaft ein Kind von seinen Eltern körperlich misshandelt wurde. Auch sie wendete sich nach langem inneren Ringen letztendlich an das Jugendamt, nachdem sie die Eltern direkt angesprochen hatte.

Nach einigen Tagen meldet sich Katharina bei der Religionslehrerin. Ihre Freundin sei ihr nicht böse, dass sie sich an die Lehrkraft gewandt habe, doch Elvira möchte nicht mit Frau S. sprechen. Der einzige Mensch, der in der Schule mehr von der Jugendlichen weiß, sei die Klassenlehrerin des letzten Schuljahres, diese habe schon gewusst, wie es ihr geht; wenn überhaupt, dann könne „man" mit ihr mal reden. Auf gar keinen Fall dürften die Eltern Elviras vom Ritzen erfahren. In ihrer Familie gelte das Gesetz, dass Probleme nicht an die Öffentlichkeit kommen dürfen.

Frau S. erkennt, dass sich das Beziehungsgefüge aus Elviras Sicht nun anders darstellt als zu Beginn des Prozesses. Dies berichtet sie dem Rektor, der daraufhin die Klassenlehrerin der 8. Klasse, Frau D., in die Fallberatungsgruppe einlädt. So ändert sich das Beziehungsgefüge Elviras unter den Lehrern wie folgt:

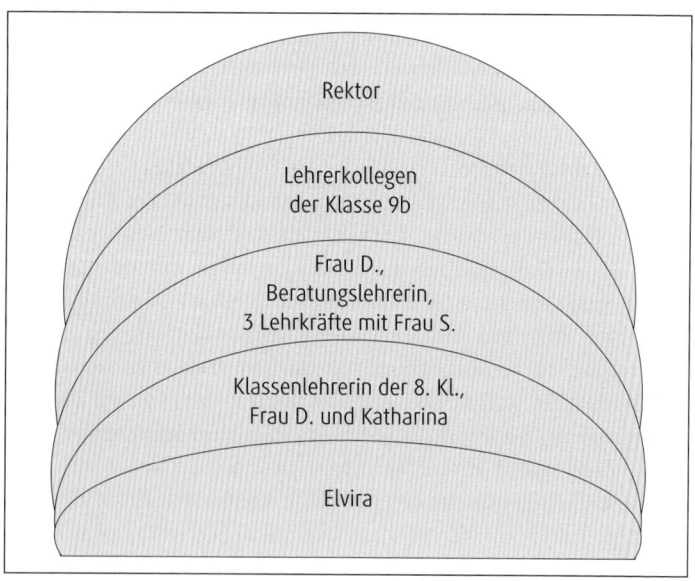

Frau S. ist demnach nicht mehr Hauptansprechpartnerin, sondern die Lehrkraft Frau D. Auch in einer professionellen Beziehung kann dies ein Gefühl des Zurückgewiesenwerdens hinterlassen und die Zusammenarbeit mit Frau D. erschweren. Kongruenz ist keine statische Größe, sondern sollte in der Fallberatung immer neu reflektiert werden. Hier sollte Frau S. im Team die Möglichkeit dazu bekommen.

Auch in diesem Fallbeispiel wird deutlich, wie sich der Personzentrierte Ansatz von anderen Verfahren, hier von anderen Kriseninterventionen, unterscheidet. Hier orientieren sich alle Beteiligten an der Person Elvira und *ihrem* inneren Entscheidungsprozess, sich im schulischen Rahmen Hilfe zu holen. Erst wenn ihr diese Person mit personzentrierter Grundhaltung gegenübersteht, gestaltet sich die Beziehung, die nach Rogers Veränderung in Gang bringen kann und der Lösungsfindungsprozess kann entstehen. Die Fallberatungsgruppe nimmt sich viel Zeit und Energie für die *Planung* ihres Handelns, während der *direkte* Kontakt mit Elvira keiner Vorbereitung bedarf, sofern die dafür vorgesehene Person authentisch ist, empathisch verstehen kann und sie in und mit ihrer Krise vollständig annehmen kann.

Frau D. berichtet von ihrer Wahrnehmung Elviras im letzten Schuljahr und gibt wichtige Informationen für die reflektierte Fremdwahrnehmung des Selbstkonzepts Elviras. Ihr sei über längere Zeit aufgefallen, dass Elvira bedrückt und sehr müde zu sein schien. Sie sprach das Mädchen öfters in den Pausen an. Sie wollte die Eltern zum Gespräch einladen, die allerdings nie erschienen. Elvira öffnete sich sehr schwer, sprach von Schlafstörungen, Ängsten vor Schulversagen. Die Zwillingsschwester sei im Gymnasium, ihr sei schon immer alles leichter gefallen als Elvira. Diese sei fröhlich, mache sich nie so viele Gedanken wie sie, sei beliebter als sie. Schon immer sei für sie alles sehr schwierig gewesen. Auch sei sie, Elvira, die einzige, die sich gegen den strengen Vater auflehne. Sie habe keinen Respekt vor ihrer Mutter, die sie in den Auseinandersetzungen nie unterstützt habe. Frau D. bot der Jugendlichen damals an, dass sie sich jederzeit an sie oder an das Jugendamt wenden könne, wenn sie Hilfe brauche. Jetzt sei wohl der Zeitpunkt gekommen und natürlich sei sie gerne bereit, Kontakt zu Elvira aufzunehmen.

Handlungsschritt 6: Die Aufgaben werden verteilt

Eine Kollegin nimmt, vorerst anonym, Kontakt zum Jugendamt auf, um gegebenenfalls möglichst bald einen Termin zu bekommen. Dies ist mit dem Rektor so abgesprochen. Zum einen verkürzt sich die Wartezeit, zum anderen ist die Schule abgesichert, wenn sie Meldung gemacht hat (SGB VIII, § 8a Schutzauftrag bei Kindeswohlgefährdung).

Im Schema der „*Reflektierten Beobachtung*" von Elvira wird deutlich, wie *stark* die äußeren Haltungen und Einstellungen des familiären Umfelds auf die Person, ihre Gedanken, Emotionen und ihr Verhalten wirken. Elvira hat gelernt, so wie wahrscheinlich ihre Mutter, deren Mutter usw., dass es nicht *möglich* ist, von Behörden, Institutionen persönliche Unterstützung zu erhoffen oder zu bekommen. Nur durch immer wiederkehrende wertschätzende positive Bemühungen von Einzelpersonen kann Elvira neue Erfahrungen in ihr Selbstkonzept aufnehmen und in ihre Lebensgestaltung einbeziehen.

Im Laufe der Fallberatung wird auch deutlich, wie entscheidend wichtig die kongruente Haltung der *ersten* Person ist, die mit Elvira in Kontakt tritt. In jedem Lehrer laufen andere Bilder zur Problematik des selbstverletzenden Verhaltens ab. Die Angst, Elvira könne sich wirklich mehr antun, und der Druck, unbedingt mehr wissen zu wollen, steigen. Auch dies kann Thema der Fallberatung sein.

Um professionell handeln zu können, muss Frau D. kongruent bleiben, ihre Angst und ihren Druck auf ein mittleres Erregungsmaß ausgleichen. Sie weiß, dass es völlig unwesentlich ist, ob sie mehr von Elvira erfährt oder mit ihren Vermutungen vielleicht immer im Dunkeln verbleibt. Einzig die Stärkung Elviras darf ihre Motivation beim Einzelgespräch sein.

Es wird diskutiert, wie der erste Kontakt mit Elvira gestaltet werden kann. Mit der Beratungslehrerin ist abgesprochen, dass sie sich zur Anbahnung des Kontaktes im Hintergrund hält und die Jugendliche erst dann in ihren Aufgabenbereich übergeleitet wird, wenn diese weitere Hilfen in Anspruch nehmen möchte.

Handlungsschritt 7: Den persönlichen Kontakt herstellen – die Lehrerin macht sich auf den Weg

Frau D. spricht Elvira ganz „nebenbei" auf dem Parkplatz an. Sie habe bemerkt, dass die Jugendliche über die Ferien sehr viel abgenommen hat und sei von einer Lehrerin der 9. Klasse angesprochen worden, dass sie so verschlossen sei. Ob sie denn morgen zu ihr in das Zimmer der Beratungslehrerin kommen möchte, damit sie besser verstehen lerne, wie es Elvira in der Schule geht. Sie wäre sehr froh darüber, da sie das Gefühl habe, sie sei die einzige Lehrerin, die etwas mehr von ihr weiß und sich Sorgen um die Jugendliche mache.

Elvira muss freiwillig kommen. Dies ist der Dreh- und Angelpunkt für jeden neuen Denk- und Handlungsprozess.

Die Lehrerkollegen rechnen aber auch damit, dass Elvira das Gesprächsangebot noch nicht annehmen kann. Für diesen Fall hat die Kleingruppe eine Liste zusammengestellt, in der z. B. örtliche außerschulische Anlaufstellen beschrieben werden. Diese kann in Zukunft auch an andere Kinder und Jugendliche weitergegeben werden. Frau D. würde sie an Elvira übergeben und ihr zu verstehen geben, dass sie keinesfalls gekränkt sei über die Ausschlagung des Termins, sondern dass Elvira schon spüren werde, wann der richtige Zeitpunkt sei. Frau D. gebe somit das Vertrauen in die Aktualisierungstendenz des Mädchens als deutliches Signal an ihre Selbstheilungskräfte zurück. Anschließend würde die Arbeitsgruppe noch zu einem Reflexionsgespräch zusammenkommen.

Doch Elvira kommt am nächsten Tag zum Gespräch ins Beratungszimmer. Es sollte ein offenes Gespräch werden, in dem die Jugendliche berichtet, dass sie schon öfters überlegt habe, zu einem Therapeuten zu gehen. Sie spüre so viel Wut und Ohnmacht, dass sie an der familiären Situation nichts verändern könne. Sie wolle nicht immer nur alles in sich hineinfressen, wolle auch lustig sein wie ihre gleichaltrigen Freunde. Doch irgendwie fehle ihr dann doch immer der Mut und sie fühle sich schlecht und undankbar ihren Eltern gegenüber. Dann sei das Ritzen eine wohltuende Beruhigung. Schon bald danach sei das schlechte Gefühl wieder umso stärker da. Die Lehrerin fragt nach, was Elvira denn brauche, damit ihr Mut größer werde als ihre Angst und ihr schlechtes Gewissen. „Ich müsste mich stärker fühlen", meint Elvira und gemeinsam überlegen sie, was ihr denn ein Gefühl von Stärke vermitteln könnte. „Wenn ich eine Weltmacht hinter mir stehen hätte", antwortet sie. Jetzt ist der Zeitpunkt gekommen, wo Elvira spürt, dass sie Hilfe braucht und dass sie bereits eine „Ahnung" bekommen hat, dass es Menschen gibt, die in der Schule hinter ihr stehen. Sonst wäre sie heute nicht gekommen.

Weiterführende Literatur

Kunz, S./Scheuermann, U./Schürmann, I. (2004): Krisenintervention. Weinheim und München.
Ortiz-Müller, W./Scheuermann, U./Gahleitner, S. (Hrsg.) (2008): Praxis Krisenintervention. Stuttgart.

Schlusswort

Wir hoffen, mit diesem Buch vermittelt zu haben, dass Personzentrierte Beratung keine Methode ist, die sich einfach so erlernen lässt. Es handelt sich stattdessen um eine Haltung, Menschen – ob groß oder klein – so zu begegnen, dass sie sich in ihrer einmaligen Art und Weise ihres So-Seins verstanden und wertgeschätzt fühlen. Was dann wieder dazu führt, dass sie sich auf *neue Beziehungs- und Lernerfahrungen* einlassen können.

Uns ist sehr bewusst, dass diese Haltung Bedingungen im Rahmen der Schule und im privaten Umfeld braucht, die helfen, die eigene Persönlichkeit weiter zu entwickeln, um den großen Anforderungen, die der Lehrerberuf an die individuelle Persönlichkeit stellt, gewachsen zu sein. Initiativen, wie die bereits erwähnte Jena-Plan-Schule in Bayern, die Konzeption eines Schulfaches „Glück" (Fritz-Schubert 2008) oder der Beschluss des Kultusministeriums in Nordrhein-Westfalen, ab 2011 jährlich 12 800 Referendare in „Personzentrierter Beratung mit Coachingelementen" zu schulen, um nur einige der vielen Veränderungen zu nennen, machen Mut, die Schule als in der Entwicklung befindlich zu sehen. In einer Entwicklung, in der sie immer mehr als Lebensumfeld gesehen wird, in dem neben der notwendigen Wissensvermittlung auch Persönlichkeitsentwicklung angestrebt und gefördert wird und die Lehrkräfte diesbezüglich in ihrem Engagement unterstützt werden.

Danken möchten wir den vielen Schülern, denen wir in unserer beruflichen Tätigkeit begegnet sind und von denen wir so viel lernen konnten. Ebenso den Lehrkräften, mit denen wir zum Wohle des jeweiligen Kindes bzw. Jugendlichen konstruktiv zusammengearbeitet haben. Einen ganz besonderen Dank richten wir an die Lehrkräfte und Beratungslehrer, die uns bei der Arbeit an dem Buch mit ihren Ideen und Anregungen unterstützt haben, insbesondere Irmgard Busl-Uhlemann, Bettina Cocron, Irma Eineder, Christine Grünert, Birgit Hösl, Thomas Hutschenreuther, Peter Pfitzner, Anja Sieber und Jutta Steiner. Ein besonderer Dank gilt Barbara Mohr-Modes (MSOT) für die Unterstützung bei den Falldarstellungen. Ein Dank geht auch an Dipl.-Päd./ Dipl.-Soz. Päd. Dorothea Kunze für ihre wertvollen Rückmeldungen in Bezug auf den Personzentrierten Ansatz.

Abschließen möchten wir mit der Erfahrung einer Gymnasiallehrerin, die sie uns zu diesem Buch mitteilte: „Ich war Klassenleiterin und Deutschlehrerin einer 7. Klasse, einer schwierigen Klasse, mit der es während des Schuljahres viele Konflikte gab. Bevor ich die Zeugnisse austeilte, meinte ich, dass ich jeden so gut fände wie er ist und gerne mag, egal, welche Noten er hat. Zu meiner großen Überraschung applaudierte die gesamte Klasse nach diesem Satz und viele meinten, das hätte noch nie jemand zu ihnen gesagt. Das zeigte mir, wie wichtig die im Buch ja immer wieder beschriebene Wertschätzung für die Schüler ist."

Literatur

Ainsworth, M. D. (1968): Object relations, dependency, and attachment: a theoretical review of the infant-mother relationship. Child Development, 40, 969–1025

Ainsworth, M. D./Blehar, M. C., Waters, E./Wall, S. (1978): Patters of attachment. A psychological study of the strange situation. Hillsdale, NJ: Erlbaum

Antonovsky, A./Franke, A. (1997): Salutogenese: Zur Entmystifizierung der Gesundheit. Tübingen: Dgvt

Baars, B. J. (1998): Das Schauspiel des Denkens. Stuttgart: Klett-Cotta

Baer, U./Frick-Baer, G.: Der kleine Ärger und die große Wut. 2. Auflage. Neukirchen-Vluyn: Affenkönig

Bamberger, G. (2005): Lösungsorientierte Beratung. Weinheim: Beltz

Bauer, J. (2002): Das Gedächtnis des Körpers. München: Piper

Bauer, J. (2008): Lob der Schule. Sieben Perspektiven für Schüler, Lehrer und Eltern. 2. Auflage. München: Heyne

Bauer, J. (2009): Prinzip Menschlichkeit. Warum wir von Natur aus kooperieren. 2. Auflage. München: Heyne

Bausum, J./Besser, L./Kühn, M./Weiß, W. (Hrsg.) (2009): Traumapädagogik. Grundlagen, Arbeitsfelder und Methoden für die pädagogische Praxis. Weinheim: Juventa, 33–36

Behr, M. (2002): Therapie als Erleben der Beziehung – Die Bedeutung der interaktionellen Theorie des Selbst für die Praxis einer personzentrierten Kinder- und Jugendlichenpsychotherapie. In: Boeck-Singelmann, C./Ehlers, B./Hensel, T./Kemper, F./Monden-Engelhardt, C. (Hrsg.): Personzentrierte Psychotherapie mit Kindern und Jugendlichen. Bd. 1. 2. Auflage. Hogrefe: Göttingen, 95–122

Behr, M. (2006): Beziehungszentrierter Erstkontakt in der heilpädagogischen und psychotherapeutischen Arbeit mit Kindern, Jugendlichen und Familien. Person, 10 Jg., 2, 108–117

Behr, M. (2007): Gesprächspsychotherapie mit Kindern und Jugendlichen. Spieltherapeutische Konzepte und Praxis eines personzentriert-interaktionellen Vorgehens. In: Kriz, J./Slunecko, T. (Hrsg.): Gesprächspsychotherapie. Die therapeutische Vielfalt des personzentrierten Ansatzes. Wien: facultas, 151–166

Literatur

Behr, M./Franta, B. (2003): Interaktionsmuster im Eltern-Lehrer-Gespräch aus klientenzentrierter und systemischer Sicht. Gesprächspsychotherapie und Personzentrierte Beratung, 34, 1, 19–28

Behr, M./Walterscheid-Kramer, J. (1995): Einfühlendes Erzieherverhalten. 4. Auflage. Weinheim: Beltz

Bender, B./Fleischer, T./Mersmann, B. (Hrsg.) (1999): Person und Beziehung in Schule und Unterricht. Ein Beitrag des Personzentrierten Ansatzes zur Professionalisierung des Lernens in der Schule. Köln: GwG-Verlag

Berg, Insoo Kim (1995): Familien-Zusammenhalt(en). Ein kurztherapeutisches und lösungs-orientiertes Arbeitsbuch. Dortmund: verlag modernes lernen

Bergsson, M./Luckfiel, H. (2010): Umgang mit „schwierigen" Kindern. 9. Auflage. Berlin: Cornelsen

Berkling, H. (2010): Lösungsorientierte Beratung. Stuttgart: Kohlhammer

Besser, L. U. (2009): Wenn die Vergangenheit Gegenwart und Zukunft bestimmt. Wie Erfahrungen und traumatische Ereignisse Spuren in unserem Kopf hinterlassen, Gehirn und Persönlichkeit strukturieren und Lebensläufe determinieren. In: Bausum, J./Besser, L./Kühn, M./Weiß, W. (Hrsg.): Traumapädagogik. Grundlagen, Arbeitsfelder und Methoden für die pädagogische Praxis. Weinheim: Juventa, 37–54

Beudels, W./Anders, W. (2008): Wo rohe Kräfte sinnvoll walten. Handbuch zum Ringeln, Rangeln und Raufen in der Pädagogik und Therapie. Dortmund: Modernes Lernen

Bieg, S./Behr, M. (2002): Wahrnehmen und Erleben von Gefühlen – ein Ansatzpunkt für die schulische Förderung. Gesprächspsychotherapie und Personzentrierte Beratung. Das Personzentrierte Konzept in der Pädagogik. 33 Jg., Heft 4, 277–284

Biermann-Ratjen, E.-M. (2002): Entwicklungspsychologie und Störungslehre. In: Boeck-Singelmann, C./Ehlers, B./Hensel, T./Kemper, F./Monden-Engelhardt, C. (Hrsg.): Personzentrierte Psychotherapie mit Kindern und Jugendlichen. Bd. 1. 2. Auflage. Hogrefe: Göttingen, 11–34

Boeck-Singelmann, C./Ehlers, B./Hensel, T./Kemper, F./Monden-Engelhardt, C. (Hrsg.): Personzentrierte Psychotherapie mit Kindern und Jugendlichen. Bd. 1, 2, 3. Göttingen: Hogrefe

Brisch, K.-H. (2009): Bindungsstörungen. 9. Auflage. Stuttgart: Klett-Cotta

Brunner, H. (1990): Menschenbilder in Psychologie und Psychotherapie. In: Baumgartner, I.: Handbuch der Pastoralpsychologie. Regensburg: Pustet, 63–85

Literatur

Buber, M. (1995): Ich und Du. 11. Auflage. Stuttgart: Reclam

Caspary, R. (Hrsg.) (2009): Lernen und Gehirn. Der Weg zu einer neuen Pädagogik. 6. Auflage. Freiburg: Herder

Damasio, A. R. (2002): Ich fühle, also bin ich. 2. Auflage. München: List

Damasio, A. R. (2005): Der Spinoza-Effekt. München: List

Ding, U. (2009): Trauma und Schule. Was lässt Peter wieder lernen? Über unsichere Bedingungen und sichere Orte in der Schule. In: Bausum, J./Besser, L./Kühn, M./Weiß, W. (Hrsg.): Traumapädagogik. Grundlagen, Arbeitsfelder und Methoden für die pädagogische Praxis. Weinheim: Juventa, 55–66

Döring, E. (2007): Traumatherapie mit Kindern – Was hilft das Spielen im Umgang mit traumatisierten Kindern. In: GwG Akademie (Hrsg.): Personzentrierte Psychotherapie und Beratung für traumatisierte Klientinnen und Klienten. Köln: GwG-Verlag, 47–68

Eckert, J./Biermann-Ratjen, E.-M./Höger, D. (2006): Gesprächspsychotherapie. Lehrbuch für die Praxis. Heidelberg: Springer

Ellinger, S. (2010): Kontradiktische Beratung. Stuttgart: Kohlhammer

Feder, H. (2009): Eine Schülerbegleitung über mehrere Jahre. Person-zentriert, 22, Heft 1, 33–38

Finke, J. (2004): Gesprächspsychotherapie. Grundlagen und spezifische Anwendungsfelder. 3. Auflage. Stuttgart: Thieme

Fleischer, T. (1986): Situatives Gesprächstraining für Schulleiter/innen. Zeitschrift für Gesprächspsychotherapie und Personzentrierte Beratung. Heft 1, 26–46

Fleischer, T. (1999): Schülerzentrierung und das Lernen in der Schule – ein Widerspruch? In: Bender, B./Fleischer, T./Mersmann, B. (Hrsg.): Person und Beziehung in Schule und Unterricht. Ein Beitrag des Personzentrierten Ansatzes zur Professionalisierung des Lernens in der Schule. Köln: GwG-Verlag, 13–25

Fleischer, T. (2004): Personzentrierte Kultur verbessert Schulklima und Leistungsfähigkeit von Schülern und Lehrern. Gesprächspsychotherapie und Personzentrierte Beratung. Personzentrierte Schule. 35 Jg., Heft 1, 9–14

Fonagy, P./Gergely, G./Jurist, E. L./Target, M. (2008): Affektregulierung, Mentalisierung und die Entwicklung des Selbst. Stuttgart: Klett-Cotta

Fritz-Schubert, E. (2008): Schulfach Glück: Wie ein neues Fach die Schule verändert. 6. Auflage. Herder: Freiburg

Fröhlich-Gildhoff, K. (2006a): Gewalt begegnen – Konzepte und Projekte zur Prävention und Intervention. Stuttgart: Kohlhammer

Fröhlich-Gildhoff, K. (2006b): Freiburger-Anti-Gewalt-Training (FAGT) – Konzept, Manual, Evaluation. Stuttgart: Kohlhammer

Fröhlich-Gildhoff, K. (2006c): Personzentrierte pädagogische und therapeutische Arbeit mit aggressiven/gewalttätigen Kindern und Jugendlichen. Person, 2, 151–163

Fröhlich-Gildhoff, K./Jürgens-Jahnert, S. (2010): Kinder mit ADHS-Symptomen. Betrachtungen aus einer integrierenden entwicklungspsychologischen und personzentrierten Perspektive. In: Gesprächspsychotherapie und Personzentrierte Beratung. 3. Köln: GwG-Verlag, 162–170

Garner, B. (2009): Ich hab's! Aha-Erlebnisse beim Lernen. Weinheim und Basel: Beltz

Gesellschaft für wissenschaftliche Gesprächspsychotherapie e.V. (GwG): Fachverband für Psychotherapie und Beratung. www.gwg-ev.org

Gneuß, A. (2007): Die Bedeutung der Bindungstheorie für den schulischen Kontext. Hamburg: Diplomica

Goetze, H. (2002): Handbuch der personenzentrierten Spieltherapie. Göttingen: Hogrefe

Gordon, T. (1972/1996): Familienkonferenz. Die Lösung von Konflikten zwischen Eltern und Kind. 21. Auflage. München: Heyne

Gordon, T. (1977/1995): Lehrer-Schüler-Konferenz. Wie man Konflikte in der Schule löst. 9. Auflage. München: Heyne

Groddeck, N. (2002): Carl Rogers. Wegbereiter der modernen Psychotherapie. Darmstadt: Primus

Grossmann, K./Grossmann, K.E. (1991): Ist Kindheit doch Schicksal? Psychologie heute, 8, 21–27

Grossmann, K./Grossmann, K.E. (2006): Bindungen – das Gefüge psychischer Sicherheit. 4. Auflage. Stuttgart: Klett-Cotta

Grossmann, K.E./August, P./Fremmer-Bombik, E./Friedl, A./Grossmann, K./Scheuerer-Englisch, H./Spangler, H./Stephan, C./Süß, G. (1989): Die Bindungstheorie: Modell und entwicklungspsychologische Forschung. In: Keller, H. (Hrsg.): Handbuch der Kleinkindforschung. Berlin: Springer, 31–55

Grossmann, K.E./Grossmann, K. (1994): Bindungstheoretische Grundlagen psychologisch sicherer und unsicherer Entwicklung. Gesprächspsychotherapie und Personzentrierte Beratung, 96, 26–41

Hinz, A. & Behr, M. (2002): Biografische Rekonstruktionen und Reflexionen. Zum 100. Geburtstag von Carl Rogers. Gesprächspsychotherapie und Beratung, 33, 3, 197–210

Hobday, A./Ollier, K. (2006): Helfende Spiele. Kreativer Lebens- und Konfliktberatung von Kindern und Jugendlichen. 2. Auflage. Weinheim: Juventa

Hufnagel, G./Fröhlich-Gildhoff, K. (2002): Die Entstehung seelischer Störungen – betrachtet aus einer personzentrierten und entwicklungspsychologischen Perspektive. In: Boeck-Singelmann, C./Ehlers, B./Hensel, T./Kemper, F./Monden-Engelhardt, C. (Hrsg.): Personzentrierte Psychotherapie mit Kindern und Jugendlichen. Bd. 1. 2. Auflage. Göttingen: Hogrefe, 35–80

Hüther, G. (2006): Brainwash: Einführung in die Neurobiologie für Pädagogen, Therapeuten und Lehrer. DVD. Jokers edition

Hüther, G. (2009): Biologie der Angst. Wie aus Stress Gefühle werden. 9. Auflage. Göttingen: Vandenhoeck & Ruprecht

Huttel, M. (1999): Schulleitung heute – personzentriertes Führungshandeln als Voraussetzung innerer Schulentwicklung. In: Bender, B./Fleischer, T./Mersmann, B. (Hrsg.): Person und Beziehung in Schule und Unterricht. Ein Beitrag des Personzentrierten Ansatzes zur Professionalisierung des Lernens in der Schule. Köln: GwG-Verlag, 33–39

Jaede, W. (2002): Der entwicklungsökologische Ansatz in der personzentrierten Kinder- und Jugendlichenpsychotherapie. In: Boeck-Singelmann, C./Ehlers, B./Hensel, T./Kemper, F./Monden-Engelhardt, C. (Hrsg.): Personzentrierte Psychotherapie mit Kindern und Jugendlichen. Bd. 1. 2. Auflage. Göttingen: Hogrefe, 123–150

Julius, H. (2002): Beziehungsorientierte Interventionen für verhaltensgestörte Kinder. Erziehung und Unterricht 152, 601–617

Jungmann, T./Reichenbach, Ch. (2009): Bindungstheorie und pädagogisches Handeln: Ein Praxisleitfaden. Dortmund: Verlag modernes Lernen

Jürgens-Jahnert, S. (2011): Selbststrukturstörungen bei Kindern und Jugendlichen. In: Wakolbinger/Katsivelaris/Reisel/Naderer/Papula (Hrsg.): Die Erlebnis- und Erfahrungswelt unserer Kinder. Vorträge und Workshops der 3. Internationalen Fachtagung für klienten-/personzentrierte Kinder- und Jugendlichenpsychotherapie. Books on Demand: Norderstedt, 83–106

Keil, W. W./Stumm, G. (Hrsg.) (2002): die vielen gesichter der personzentrierten psychotherapie. Wien: Springer

Kempers, H. (1999): Person und Beziehung in Schule und Unterricht – auf dem Weg zu einer personzentrierten Didaktik. In: Bender, B./Fleischer, T./

Literatur

Mersmann, B. (Hrsg.): Person und Beziehung in Schule und Unterricht. Ein Beitrag des Personzentrierten Ansatzes zur Professionalisierung des Lernens in der Schule. Köln: GwG-Verlag, 27–31

Körner, H. (1978): Johannes. Fellbach: lucy körner verlag

Krüger, A. (2007): Erste Hilfe für traumatisierte Kinder. Düsseldorf: Patmos

Kugler, S. (2002): Schulseelsorge auf der Grundlage des Personzentrierten Ansatzes. Gesprächspsychotherapie und Personzentrierte Beratung. Das Personzentrierte Konzept in der Pädagogik. 33 Jg., Heft 4, 277–284

Kühn, M. (2009): „Macht eure Welt endlich wieder mit zu meiner!". In: Bausum, J./Besser, L./Kühn, M./Weiß, W. (Hrsg.): Traumapädagogik. Grundlagen, Arbeitsfelder und Methoden für die pädagogische Praxis. Weinheim: Juventa, 23–36

Kunz S./Scheuermann U./Schürmann I. (2004): Krisenintervention. Ein fallorientiertes Arbeitsbuch für Praxis und Weiterbildung. Weinheim und München: Juventa

Kunze, D. (2008): Das Personzentrierte Konzept in Beratung und Pädagogik. In: Freyberger, H. J./Loew, T. H./Richter, R. (Hrsg.): Psychodynamische Psychotherapie. 7. Jg. Nr. 3, 179–190

Lackner, R. (2004): Wie Pippa wieder lachen lernte. Fachliche Hilfe für traumatisierte Kinder. Wien: Springer

Landolt, M. A./Hensel, T. (2008): Traumatherapie bei Kindern und Jugendlichen. Göttingen: Hogrefe

Langer I./Langer S. (2005): Jugendliche begleiten und beraten. München: Ernst Reinhardt

Largo, R. (2009): Schülerjahre. Wie Kinder besser lernen. 4. Auflage. München: Piper

LeDoux, J. (2001): Das Netz der Gefühle: Wie Emotionen entstehen. München: DTV

Lux, M. (2007): Der Personzentrierte Ansatz und die Neurowissenschaften. München: Ernst Reinhardt

Martin, E./Wawrinowski, U. (2006): Beobachtungslehre: Theorie u. Praxis reflektierter Beobachtung und Beurteilung. 5. Auflage. Weinheim: Juventa

Mohr-Modes, B. (2008): Die inklusive Schule: Definitionen – Konzepte – und die Realität, in: heilpaedagogik.de – Zeitläufe. Berlin: BHP, 1; 19–23

Motschnig, R./Nykl, L. (2009): Konstruktive Kommunikation. Stuttgart: Klett-Cotta

Orlinsky, D./Roennestadt, M. H./Willutzki, U. (2004): Fifty Years of Psychotherapy Process-Outcome Research: Continuity and Change. In: Lambert, M. J. (Ed.), Bergin and Garfield's Handbook of Psychotherapy and Behavior Change. New York: Wiley, 307–390

Ortiz-Müller, W./Scheuermann, U./Gahleitner, S. (Hrsg.) (2008): Praxis Krisenintervention. Handbuch für helfende Berufe. 2. Auflage. Stuttgart: Kohlhammer

Papousek, M./Schieche, M./Wurmser, H. (2004): Regulationsstörungen der frühen Kindheit. Frühe Risiken und Hilfen im Entwicklungskontext der Eltern-Kind-Beziehungen. Bern: Huber

Perry, B. D./Szalavitz, M. (2008): Der Junge, der wie ein Hund gehalten wurde. Was traumatisierte Kinder uns über Leid, Liebe und Heilung lehren können. München: Kösel

Pfluger-Heist, U. (2004): In der Seele liegt die Kraft. Freiburg: Herder

Pfluger-Heist, U. (2006): Wirken auf das, was noch nicht ist. Titel eines Workshops auf dem Kongress: Bewusstsein und Psychotherapie. Bad Kissingen

Pöhm, M. (2008): Schlagfertig auf dem Schulhof! München: mvg

Rechtien, W./Waldhecker, J./Lück, H. E./Sewz, G. (Hrsg.): Personzentrierte Beratung. Beiträge zur Fundierung professioneller Praxis. Köln: GwG-Verlag

Redlich, A./Richter, H.-G. (1992): Kooperative Gesprächsführung für Schulleiterinnen und Schulleiter. Materialien der Beratungsstelle für Soziales Lernen am Fachbereich Psychologie der Universität Hamburg. Bd. 17

Reisel, B./Fehringer, Ch. (2002): Personzentrierte Psychotherapie mit Kindern und Jugendlichen. In: Keil, W. W./Stumm, G. (Hrsg.): die vielen gesichter der personzentrierten psychotherapie. Wien: Springer, 335–352

Reisel, B./Wakolbinger, C. (2006): Kinder und Jugendliche. In: Eckert, J./Biermann-Ratjen, E. M./Höger, D. (Hrsg.): Gesprächspsychotherapie. Lehrbuch für die Praxis. Heidelberg: Springer, 295–332

Rheinberg, F. (2002): Motivation. Stuttgart: Kohlhammer

Riegel, E. (2007): Schule kann gelingen! Wie unsere Kinder wirklich fürs Leben lernen. 4. Auflage. Frankfurt a. M.: Fischer

Rogers, C. R. (1942/1972a): Die nicht-direktive Beratung. München: Kindler

Rogers, C. R. (1959/1989): Eine Theorie der Psychotherapie, der Persönlichkeit und der zwischenmenschlichen Beziehungen. Köln: GwG

Rogers, C. R. (1961/1991): Entwicklung der Persönlichkeit. (8. Auflage). Stuttgart: Klett

Literatur

Rogers, C. R. (1978): Die Kraft des Guten – ein Appell zur Selbstverwirklichung. München: Kindler

Rogers, C. R. (1942/1972b): Die klientenzentrierte Gesprächspsychotherapie. München: Kindler

Rogers, C. R. (1969/1974): Lernen in Freiheit. München: Kösel

Rogers, C. R. (1997): Therapeut und Klient. Frankfurt a. M.: Fischer

Rogers, C. R. (2007): Der neue Mensch. 8. Auflage. Stuttgart: Klett-Cotta

Rogers, C. R./Schmid, P. F. (1998): Person-zentriert. Grundlagen von Theorie und Praxis. (3. Auflage). Mainz: Matthias-Grünewald

Rosenberg, M. (2009): Konflikte lösen durch Gewaltfreie Kommunikation. 10.Auflage. Freiburg: Herder

Ruprecht, T./Aubele, S./Hiebel, T./Risel, B./Bieg, S./Behr, M. (2002): Empathie für andere und für sich selbst – Beispiele didaktischen Materials für Grund- und Sekundarstufen-Schulkinder. Gesprächspsychotherapie und Personzentrierte Beratung. Das Personzentrierte Konzept in der Pädagogik. 33. Jg., Heft 4, 285–288

Sander, K./Ziebertz, T. (2010): Personzentrierte Beratung. Weinheim: Juventa

Satir, V. (2009): Selbstwert und Kommunikation. Familientherapie für Berater und zur Selbsthilfe. 18. Auflage. Stuttgart: Klett-Cotta

Sauter, F. C. (1999): Die Lehrkraft als Person im Spannungsfeld zwischen personzentrierter Haltung und Unterrichtstechnik – Vorschläge für ein personzentriertes Schulmodell und eine personzentrierte Methodik und Didaktik. In: Bender, B./Fleischer, T./Mersmann, B. (Hrsg.): Person und Beziehung in Schule und Unterricht. Ein Beitrag des Personzentrierten Ansatzes zur Professionalisierung des Lernens in der Schule. Köln: GwG-Verlag, 41–60

Schäfer, G. H. (2004): Person- und prozessorientierte Organisationsberatung. Gesprächspsychotherapie und Beratung. Personzentrierte Schule. 35. Jg. Heft 1, 27–35

Schiffer, E. (2010): Warum Huckleberry Finn nicht süchtig wurde. 10. Auflage. Weinheim: Beltz

Schiffmann, H. (2004): Personzentrierte Kommunikation und Kooperation in der Schule erleichtert Qualitätsentwicklung auf allen Ebenen. Gesprächspsychotherapie und Beratung. Personzentrierte Schule. 35. Jg. Heft 1, 21–25

Schlechtriemen, M. (2001): Coaching nach dem personzentrierten Ansatz. In GwG (Hrsg.): Visionen für ein gesellschaftliches Miteinander. Köln: GwG-Verlag

Schleiffer, R. (2002): Desorganisierte Bindung als gemeinsamer Risikofaktor für Dissozialität und Lernbehinderung. In: Schröder, U./Wittrock, M./Rolus-Borgwand, S./Tänzer, U. (Hrsg.): Lernbeeinträchtigung und Verhaltensstörung. Stuttgart: Kohlhammer, 108–120

Schleiffer, R. (2009): Konsequenzen unsicherer Bindungsqualität: Verhaltensauffälligkeiten und schulische Leistungen. In: Julius, H./Gasteiger, B./Kißgen, R. (Hrsg.): Bedeutung der Bindungstheorie für die therapeutische und pädagogische Arbeit mit verhaltensgestörten Kindern. Göttingen: Hogrefe, 39–63

Schleiffer, R. (2011): Lernvermeidung: nicht lernen zu lernen. In: Lilo Dorschky, L./Kurzke, C./Schneider, J. (Hrsg.): LernZeichen. Lernen und Schriftspracherwerb als Herausforderung. (im Druck)

Schmidtchen, S. (2001): Allgemeine Psychotherapie für Kinder, Jugendliche und Familien. Stuttgart: Kohlhammer

Schmidtchen, S. (2002): Neue Forschungsergebnisse zu Prozessen und Effekten der klientenzentrierten Kinderspieltherapie. In: Boeck-Singelmann, C./Ehlers, B./Hensel, T./Kemper, F./Monden-Engelhardt, C. (Hrsg.): Personzentrierte Psychotherapie mit Kindern und Jugendlichen. Bd. 1. 2. Auflage. Göttingen: Hogrefe, 153–194

Schmidt-Falck, G. (2004): Möglichkeiten des Umgangs mit schwierigen Schülern. Beziehungsangebote im Rahmen von Unterricht und Erziehung. Gesprächspsychotherapie und Beratung. Personzentrierte Schule. 35. Jg. Heft 1, 15–19

Schmitz-Schretzmair, R. (2003): Der Weg zu einer Personzentrierten Schule besteht aus vielen kleinen Schritten. Gesprächspsychotherapie und Personzentrierte Beratung, 34, 1, 15–18

Schmutzler, H-J. (1991): Fröbel und Montessori. Zwei geniale Erzieher. Freiburg: Herder

Schulz v. Thun, F. (2010): Miteinander reden 1. Störungen und Klärungen. 48. Auflage. Rowohlt: Hamburg

Shazer, de S. (1989): Wege der erfolgreichen Kurztherapie. Stuttgart: Klett-Cotta

Singer, K. (1996): Lehrer-Schüler-Konflikte gewaltfrei regeln. „Erziehungsschwierigkeiten" und Unterrichtsstörungen als Beziehungs-Schwierigkeiten bearbeiten. 5. Auflage. Beltz: Weinheim

Spangler, G./Zimmermann, P. (2009): Die Bindungstheorie. 5. Auflage. Stuttgart: Klett-Cotta

Stern, D. (1992): Die Lebenserfahrung des Säuglings. Stuttgart: Klett-Cotta

Stumm, G./Keil, W. W. (2002): Das Profil der Klienten-/Personzentrierten Psychotherapie. In: Keil, W. W./Stumm, G. (Hrsg.): die vielen gesichter der personzentrierten psychotherapie. Wien: Springer, 1–64

Stumm, G./Wiltschko, J./Keil, W. (2003): Grundbegriffe der Personzentrierten und Focusing-orientierten Psychotherapie und Beratung. München: Pfeiffer bei Klett-Cotta

Tausch, A.-M./Tausch, R. (1963/1998): Erziehungspsychologie. 10. Auflage. Göttingen: Hogrefe

Tausch, R. (1999): Achtung und Einfühlung – Kompaß für didaktische und erzieherische Handlungen von Lehrern und Erziehern. In: Bender/Fleischer/Mersmann (Hrsg.): Person und Beziehung in Schule und Unterricht. Ein Beitrag des Personzentrierten Ansatzes zur Professionalisierung des Lernens in der Schule. Köln: GwG-Verlag, 3–12

Terjung, B./Kempf, T. (2001): Von der Klientenzentrierten Therapie zur Personzentrierten Organisationsentwicklung. Köln: GwG-Verlag

Wagner, A. C. (1977): Schülerzentrierter Unterricht. 2. Auflage. Weinheim: Beltz

Watzlawick, P. (2011): Menschliche Kommunikation. 12. Auflage. Bern: Huber

Weber, W. (2005): Wege zum helfenden Gespräch. 13. Auflage. München: Ernst Reinhardt

Weinberg, D. (2005): Traumatherapie mit Kindern. München: Pfeiffer

Weinberg, D. (2010): Psychotherapie mit komplex traumatisierten Kindern: Behandlung von Bindungs- und Gewalttraumata der frühen Kindheit. München: Pfeiffer

Weinberger, S. (2010): Kindern spielend helfen. Eine personzentrierte Lern- und Praxisanleitung. 3. Auflage. Weinheim: Juventa

Weinberger, S. (2011a): Klientenzentrierte Gesprächsführung. 13. Auflage. Weinheim: Juventa

Weinberger, S. (2011b): Wieviel Traumatherapie steckt in der personzentrierten Spieltherapie? In: Wakolbinger/Katsivelaris/Reisel/Naderer/Papula (Hrsg.): Die Erlebnis- und Erfahrungswelt unserer Kinder. Vorträge und Workshops der 3. Internationalen Fachtagung für klienten-/personenzentrierte Kinder- und Jugendlichenpsychotherapie. Books on Demand: Norderstedt, 205–218

Weinberger, S./Papastefanou, Ch. (2008): Wege durchs Labyrinth. Personzentrierte Beratung und Psychotherapie mit Jugendlichen. Weinheim: Juventa

Weiß, W. (2009): Philipp sucht sein Ich. Zum pädagogischen Umgang mit Traumata in den Erziehungshilfen. 5. Auflage. Weinheim: Juventa

Wiltschko, J. (1995): Focusing-Therapie. Einige Splitter, in denen das Ganze sichtbar werden kann. GwG-Zeitschrift, 98, 17–28

Wiltschko, J. (2002): Focusing und Focusing-Therapie. In: Keil, W. W. & Stumm, G. (Hrsg.): Die vielen Gesichter der personzentrierten psychotherapie. Wien: Springer, 231–264

Wolpe, J. (1977): Praxis der Verhaltenstherapie. Bern: Huber

Stephan Ellinger

Kontradiktische Beratung

2011. 164 Seiten. Kart.
€ 15,80
ISBN 978-3-17-021098-1

Fördern lernen, Band 12

Die Grundstruktur dieses Beratungskonzeptes lässt sich mit wenigen Strichen skizzieren: Dem Ratsuchenden erscheinen eine aktuelle berufliche Problemkonstellation oder eine konfliktgeladene Beziehung unüberschaubar, untragbar oder ausweglos. Leitziel der kontradiktischen Beratung ist es nun nicht, „das Beste aus einer Situation zu machen", sondern eine Situation für das Gegenteil ihres anfänglichen Verzweiflungspotentials „kontra diktisch" zu nutzen. Eine besonders verzweifelte Situation soll durch einen neuen Blickwinkel als eine Situation mit besonderen Chancen erkannt werden. Das Buch stellt neben der Theorie und Grundidee dieser Beratungsform den idealtypischen Ablauf und die Grundelemente und -techniken in konkreten Problemsituationen vor.

Prof. Dr. Stephan Ellinger ist Soziologe (MA), Dipl.-Päd. und ev. Theologe. Als Professor für Erziehungswissenschaften an der Goethe-Universität Frankfurt forscht und lehrt er unter anderem zu pädagogischen Beratungskonzepten und Beratung in unterschiedlichen settings (Schule, Jugendhilfe, Elternarbeit).

W. Kohlhammer GmbH · 70549 Stuttgart
Tel. 0711/7863 - 7280 · Fax 0711/7863 - 8430 · www.kohlhammer.de